TRAITÉ PRATIQUE

D'IMPRESSION PHOTOGRAPHIQUE

AUX ENCRES GRASSES.

PARIS. — IMPRIMERIE DE GAUTHIER-VILLARS ET FILS,
quai des Augustins, 55.

BIBLIOTHÈQUE PHOTOGRAPHIQUE.

TRAITÉ PRATIQUE D'IMPRESSION PHOTOGRAPHIQUE AUX ENCRES GRASSES, DE PHOTOTYPOGRAPHIE ET DE PHOTOGRAVURE,

PAR MOOCK.

3e ÉDITION, ENTIÈREMENT REFONDUE

PAR GEYMET.

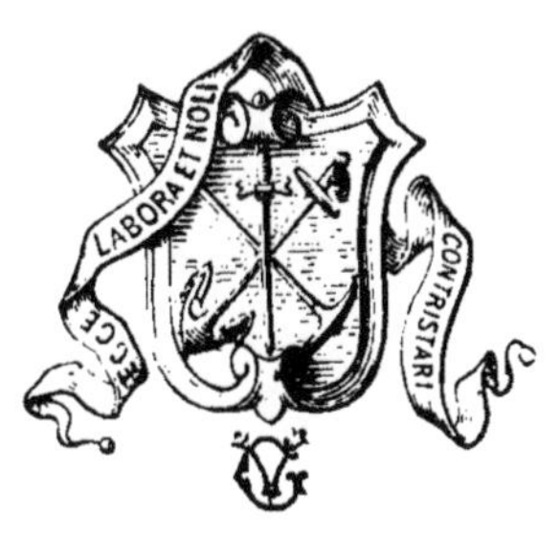

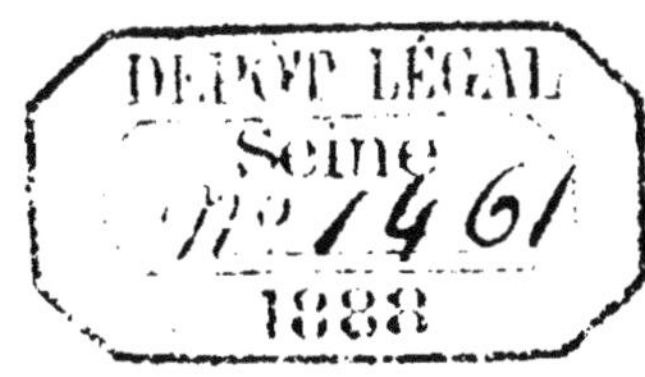

PARIS,
GAUTHIER-VILLARS ET FILS, IMPRIMEURS-LIBRAIRES
ÉDITEURS DE LA BIBLIOTHÈQUE PHOTOGRAPHIQUE
Quai des Grands-Augustins, 55.

1888

AVANT-PROPOS

DE LA NOUVELLE ÉDITION.

Le *Traité pratique d'impression photographique aux encres grasses*, que nous avons publié en 1874, a reçu des lecteurs un accueil si bienveillant que nous avons considéré comme un devoir de compléter notre œuvre et de publier en 1877 une seconde édition mise au courant des plus récentes découvertes.

Celle que nous offrons aujourd'hui au public est complètement transformée et contient l'exposé des progrès qui ont été réalisés récemment dans les diverses applications de la Photographie aux arts et à l'industrie.

Dans ce nouveau travail, nous nous sommes attaché comme précédemment à donner toujours des formules sûres, qui conduiront à un résultat d'autant plus certain que nous indiquons soigneusement les *tours de main* propres à chaque procédé.

La Phototypographie, la Photogravure et la Photolithographie, en particulier, rendent maintenant de tels services et sont appelées à un si grand avenir, que toutes les personnes s'occupant, à un titre quelconque, de publications artistiques et scientifiques doivent connaître, dans tous leurs détails, ces applications de la Photographie; aussi, dans cette nouvelle édition, nous avons donné une grande extension à l'exposé des procédés qui permettent d'obtenir, soit des clichés typographiques en relief, soit des planches sur cuivre ou sur pierre, d'après les épreuves photographiques.

En résumé, nous espérons que ce petit Livre, essentiellement pratique, est appelé à rendre de réels services aux photographes, aux lithographes, aux imprimeurs en taille-douce et aux typographes.

EXTRAIT DE L'AVANT-PROPOS

DE LA PREMIÈRE ÉDITION.

Depuis la découverte faite par Nicéphore Niepce et Daguerre, la Photographie a subi des transformations nombreuses qui ont fait d'un art restreint au début un allié sérieux des arts et de l'industrie.

Tous ces perfectionnements de l'art primitif sont dus à une série de découvertes faites pour la plupart dans le laboratoire des savants, d'où elles ont passé insensiblement dans celui du praticien.

C'est ainsi que l'histoire de la Photographie, commençant aux premières recherches de Nicéphore Niepce étendant du bitume de Judée sur une surface plane qu'il développait à l'aide du naphte et de la benzine, puis passant par les plaques de Daguerre, les négatifs sur papier, les négatifs sur albumine de Niepce de Saint-Victor, neveu du premier inventeur, arrivait au collodion pharmaceutique rendu sensible par l'adjonction des iodures et des bromures.

A ce moment, la Photographie était arrivée à un tel degré de perfection, qu'il semblait difficile d'aller au delà. Il restait cependant deux problèmes importants à résoudre : l'obtention des couleurs et l'inaltérabilité des épreuves photographiques.

La première question n'est pas encore résolue, mais les beaux travaux de MM. Becquerel, Niepce de Saint-Victor, Poitevin, Ducos du Hauron, Léon Vidal et autres, permettent d'espérer le succès des recherches faites dans ce sens.

Le second problème est résolu aujourd'hui, et la Photographie, qui, dans beaucoup de cas, avait déjà avantageusement remplacé le portraitiste et le dessinateur, sans pouvoir éterniser ses produits, va dorénavant, alliée à l'imprimerie, changer de fond en comble les procédés et les applications de la gravure et de la lithographie.

La production photographique des épreuves aux encres, tirées par la presse, est dès à présent un fait acquis et pratique.

Il est donc important, pour tout photographe soucieux de son art, de connaître ces procédés nouveaux qui ouvrent un brillant avenir à la Photographie, et qui feront bientôt abandonner les épreuves au nitrate d'argent.

Voici les avantages que présentent les nouveaux procédés :

Inaltérabilité des épreuves ;

Rapidité de tirage ;

Tirage fait sans lumière (une fois la première épreuve obtenue) ;

Égalité parfaite, comme valeur de ton, de toutes les épreuves ;

Extrême bon marché des épreuves tirées à un certain nombre d'exemplaires.

Avant d'entrer dans les détails des différents procédés de cette nouvelle application de la Photographie, il est bon de remonter à leur origine.

Pendant que la plupart de ceux qu'intéressait la Photographie s'acharnaient à la production des clichés et des épreuves aux sels d'argent, d'autres, en petit nombre, continuaient leurs recherches d'après les premières idées de Niepce, qui avait pour but l'obtention des plaques gravées chimiquement et propres aux tirages par les encres d'impression.

Nous ne parlerons point des procédés dans lesquels on emploie le bitume de Judée, mais des méthodes qui ont pour base la gélatine bichromatée.

Mungo Pinto, le premier, avait découvert la propriété qu'a la gélatine bichromatée d'être influencée par les rayons lumineux; il n'en fit aucune application spéciale.

Talbot et Poitevin appliquèrent plus tard ces principes à l'obtention d'épreuves inaltérables ; c'est à ce dernier surtout que nous devons la plupart des nouveaux procédés. Nous donnons, du reste, plus bas, divers extraits des communications qui ont été faites par lui à différentes reprises, et dont la première remonte à 1854; on verra, par la suite, que ses découvertes forment encore aujourd'hui le fonds principal de presque tous les procédés nouvellement indiqués.

Photographie au charbon, lithophotographie, gravure héliographique, moulage des clichés en creux ou en relief, etc., toutes ces applications si utiles ont été décrites par M. Poitevin, il y a vingt-trois ans, pour la première fois, dans les trois communications qu'on va lire.

Première communication.

Pour préparer les papiers, je les recouvre d'une dissolution concentrée d'un des corps organiques (gomme, gélatine et congénère) et additionné d'un sel à acide chromique; après dessiccation, je soumets à l'influence de la lumière directe ou diffuse à travers le cliché du dessin à reproduire; après un temps d'exposition variable, j'applique, au tampon ou au rouleau, une couche uniforme d'encre grasse typographique ou lithographique, éclaircie préalablement, et je plonge la feuille dans l'eau. Alors toutes les parties qui n'ont pas été impressionnées abandonnent le corps gras, tandis que les autres en retiennent des quantités proportionnelles à celle de la lumière qui a traversé le cliché.

J'applique les couleurs diverses, liquides ou solides, sur le papier, les étoffes, le verre et d'autres surfaces, en mélangeant ces couleurs avec le mélange de bichromate et de gélatine, en appliquant cette combinaison sur le papier ou toute autre surface. On lave ensuite au moyen d'une éponge et avec une grande quantité d'eau. La matière organique devient insoluble dans les parties où la lumière a agi, et le dessin est reproduit par la couleur que l'on a employée.

Deuxième communication.

On commence par dissoudre, dans l'albumine battue et déposée, une dissolution concentrée de bichromate de potasse dans l'eau. On verse une certaine quantité de cette albumine sur une pierre lithographique ordinaire parfaitement nettoyée, puis on la laisse sécher spontanément à l'abri de la lumière.

La pierre ainsi préparée est soumise, derrière un cliché photographique ordinaire, à l'action de la lumière, pendant dix minutes environ.

La lumière, en décomposant le bichromate de potasse, isole une partie de l'acide chromique qui gonfle l'albumine, de sorte qu'en examinant la couche d'albumine à un jour frisant on aperçoit toute l'image en relief.

Si l'on passe sur cette surface, ainsi modifiée, un rouleau recouvert d'encre de report, celle-ci adhère aux points recouverts d'albumine impressionnée par la lumière et non aux autres, et la pierre se trouve ainsi recouverte d'encre disséminée en proportions variables, comme elle l'aurait été par le crayon du dessinateur. En acidulant ensuite, en mouillant avec l'éponge, l'encre en excès disparaît.

Troisième communication.

En 1849, ayant découvert mon procédé de Photographie sur gélatine, que je publiai l'année suivante, je remarquai que les négatives, lorsqu'elles étaient terminées, portaient le dessin en creux dans les parties claires; je pensais à mouler ces surfaces pour obtenir des planches gravées. Ce n'est qu'en 1854, en essayant l'action de la lumière sur une couche de gélatine coulée sur des plaques métalliques et additionnée de bichromate de potasse, puis en mettant à la pile galvanique, que j'obtins un dépôt très régulier de cuivre sur les parties non impressionnées; en outre, la couche de gélatine se gonflait seulement où la lumière n'avait pas agi. Ce fut alors que je cherchai de nouveau à mouler ces surfaces; j'employai d'abord la cire, puis le soufre : mais la gélatine fondait; enfin le plâtre me donna des moules très satisfaisants.

C'est ainsi que j'arrivai à produire sur des planches de cuivre des gravures en creux, en me servant de positifs, et des planches gravées en relief en me servant de négatifs.

Voici les moyens que j'ai employés dans ces opérations. La gélatine dont je me suis servi était blanche et de première qualité. Je la coupe par petits morceaux, je la mets tremper dans de l'eau distillée. On en fond à la lampe ou au bain-marie une quantité proportionnelle à l'épaisseur de la couche à obtenir, et on l'additionne ou non de bichromate de potasse en dissolution concentrée; on la coule sur une plaque de doublé bien nettoyée à l'alcool et à la craie, sur une glace ou bien sur toute autre surface posée de niveau; on laisse sécher spontanément à l'abri de la poussière et de la lumière, si l'on y a ajouté du bichromate.

Pour les planches en creux, la couche de gélatine doit avoir une très faible épaisseur. La couche sèche est impressionnée à travers le dessin positif, l'action se produit en quelques minutes au soleil, on met alors la plaque tremper dans de l'eau ordinaire; les parties non impressionnées se gonflent, et celles qui ont reçu l'action de la lumière forment des creux. Pour obtenir des planches de cuivre gravées, j'ai employé deux procédés; le premier consiste à mouler en plâtre la surface impressionnée et gonflée d'eau; sur le moule en plâtre je faisais un second moule en gutta-percha, que je métallisais, et sur lequel j'opérais le dépôt galvanique : le seul moyen consiste à métalliser la gélatine et à effectuer directement à sa surface le dépôt galvanique [1].

Nous nous contenterons d'ajouter que les procédés décrits par M. Talbot, en 1853, sont identiques à ceux qu'on vient de lire et s'appuient sur les mêmes principes. Quant à la production des images, la seule différence qui existe entre eux, c'est que M. Talbot

(1) *Traité d'impression sans sels d'argent*. 1862.

grave directement ses planches de cuivre gélatinées à l'aide d'une solution de perchlorure de fer.

Avant de terminer cette courte notice, nous tenons à expliquer comment ces divers procédés, si utiles, sont restés longtemps stationnaires, surtout en France. La principale cause de ce temps d'arrêt provient de ce que tous ces différents procédés ont été, dès le début, brevetés, et n'ont par conséquent été connus que d'un nombre assez restreint de personnes; comme une personne cherche et trouve beaucoup moins de perfectionnements que cinquante, on n'a presque pas fait de progrès depuis les quinze ans qu'ont duré les brevets. Cette cause n'existe plus aujourd'hui; les brevets sont périmés, et il est loisible à chacun d'exploiter sans licence tous les procédés à base de gélatine bichromatée. La routine, il est vrai, est aussi pour une bonne part dans le peu de faveur qu'ont rencontré ces procédés; toute chose nouvelle effraie, quand il faut changer d'habitude et de manière de faire, on préfère se croiser les bras et attendre que le voisin commence.

Aujourd'hui toutes ces causes n'existent plus. Les procédés que nous allons décrire sont faciles et surtout à la portée de ceux qui s'occupent de Photographie; de plus, nous répondons qu'au bout de fort peu de temps, en suivant les formules et les indications que nous donnerons, toute personne qui voudra s'en donner la peine arrivera à faire de la Photographie inaltérable.

INTRODUCTION.

Nous le déclarons, on ne trouvera dans nos descriptions, aucune invention nouvelle; ce sont les procédés Poitevin modifiés, rendus pratiques et accessibles à tous. Dans ces procédés nouveaux, l'art de l'imprimeur est aussi nécessaire que celui du photographe, par conséquent, celui qui acquerra la pratique des deux métiers sera certainement un héliographe parfait.

Pour réussir, cela n'est cependant pas indispensable d'une manière absolue; le photographe intelligent peut en peu de temps se familiariser avec la presse pour imprimer convenablement; il peut en tout cas s'adjoindre un imprimeur adroit. Il en est de même de l'imprimeur qui désirerait s'adonner à nos procédés; il s'adjoindrait un photographe.

En tout cas, en suivant bien exactement les indications que nous donnerons, tant au point de vue de l'héliographie qu'à celui de l'impression qui fait partie intégrante du procédé, chacun sera sûr de réussir d'une manière certaine.

Nos indications seront minutieuses; que l'on ne

s'en effraie pas, les difficultés sont plus apparentes que réelles. Il faut surtout se pénétrer qu'aller doucement pour commencer est mieux que d'aller trop vite : pour chaque chose, les plus petits détails ont leur importance; il ne faut, en tous cas, jamais se rebuter pour un insuccès, il ne proviendrait que de deux causes :

1° Le manque d'attention à suivre les recommandations;

2° La mauvaise qualité des produits employés.

La première de ces causes ne dépendant que de l'opérateur, nous n'en parlerons que pour lui recommander la persévérance. Qu'il nous en croie, il sera récompensé par le succès.

Quant à la seconde, elle serait sérieuse, s'il n'était un moyen de la prévenir de prime abord, c'est de ne se servir que de produits sortant de maisons de confiance.

Pour répondre à une objection qui sera faite par beaucoup de personnes, surtout par des amateurs, nous devons déclarer que l'on peut, à fort peu de frais, se livrer à la pratique des procédés aux encres grasses, ainsi qu'on le verra par la suite; comme d'un autre côté, les méthodes opératoires ne s'éloignent pas considérablement de celles du photographe, on voit qu'il sera d'autant plus facile de s'y adonner.

Nous avons divisé cet Ouvrage en trois Parties, qui elles-mêmes se subdivisent. La première Partie contient un procédé aux encres, que nous avons décrit de la manière la plus claire qu'il est possible; il est très peu chargé en manipulations. Cette Partie s'arrête lorsque le type est prêt pour l'impression.

La seconde Partie traite de l'impression elle-même. Ces deux Parties réunies ont toutes nos préférences, en ce qu'elles permettent de s'initier presque à coup sûr à la pratique d'un art qui devient de jour en jour plus important. Ces deux Parties réunies forment l'ensemble complet de tout le procédé aux encres d'impression, ce sont celles que nous recommandons tout particulièrement à l'attention.

Une fois maître de ce premier procédé, on pourra se lancer dans des manipulations plus compliquées quoique, nous en sommes certain, la plupart s'en tiendront à celui-ci, qui leur donnera de bons résultats en peu de temps.

La troisième Partie du Livre contient la description de presque tous les principaux procédés similaires, tels que : procédés Woodbury, Edwards, Albert, etc., qui sont tous assez compliqués, d'une application plus difficile, et quelques-uns beaucoup plus coûteux que celui que nous décrivons dans les deux premières Parties.

TRAITÉ PRATIQUE

D'IMPRESSION PHOTOGRAPHIQUE

AUX ENCRES GRASSES.

PREMIÈRE PARTIE.

CHAPITRE I.

Des différents types propres à l'impression.

En dehors des nouveaux procédés photographiques, voici les diverses manières d'obtenir des matrices propres à fournir des épreuves par les voies d'impressions:

La gravure en taille-douce,
La gravure à l'eau-forte,
La gravure à l'aqua-teinte,
La typographie,
La lithographie.

Nous pensons être utile à nos lecteurs en leur donnant, en peu de mots, la théorie de chacune de ces manières. En ceci, comme dans les descriptions suivantes, nous supposerons toujours le lecteur ignorant de ce que nous essaierons de démontrer; ceux qui connaissent quelques parties des choses dont nous parlerons seront quittes pour les relire, et ceux qui les ignorent en profiteront.

La théorie de la gravure en taille-douce, à l'eau-forte ou à l'aquatinte est celle-ci :

Sur les planches d'un métal, acier, cuivre, etc., produire des tailles ou creux plus ou moins fins, qui forment l'image; les tailles larges forment les noirs, et les fines les demi-teintes. L'imprimeur couvre toute la planche d'encre d'impression, qu'il essuie ensuite avec soin, de manière à dégarnir le fond, qui forme les blancs.

Ce qui distingue ces trois manières entre elles, c'est que la taille-douce est l'œuvre de la main; dans l'eau-forte, les traits sont marqués par le graveur et creusés par l'acide; l'aquatinte se fait de la même manière, avec adjonction d'un grain, qui donne plus de moelleux à l'image.

La typographie est l'inverse de ces trois premiers genres; ce sont les reliefs que l'on encre qui forment les noirs, et les creux dégarnis donnent les blancs.

Les nouveaux procédés dont nous allons parler bientôt tiennent, par l'impression, à toutes les manières connues; mais c'est surtout à la lithographie qu'ils empruntent le plus; nous donnerons donc une plus grande étendue à la description de cette théorie.

La lithographie, toute récente, comparativement à ses aînées, la taille-douce et l'eau-forte, fut inventée, en 1796, par Senefelder; mais ce ne fut guère qu'en 1826 qu'elle fut connue et pratiquée en France.

On en trouvera la théorie, que nous empruntons au Manuel Roret.

Comme tous les procédés lithographiques sont la conséquence d'effets d'affinité, nous en déduisons que ces conséquences découlent naturellement :

1° De la facilité avec laquelle l'eau imbibe les pierres calcaires et généralement tous les corps poreux, sans cependant contracter avec eux une adhésion bien intime ;

2° De la pénétration ou seulement de la forte adhérence que les corps gras ou résineux exercent sur les pierres calcaires, adhérence telle que, le plus souvent, on ne peut enlever les uns sans attaquer la substance des autres ;

3° De l'affinité des corps gras ou résineux pour les substances de même nature, et leur répulsion pour l'eau ou tous les corps mouillés.

Il résulte de ces principes, qui sont la base de la lithographie :

1° Qu'un trait gras ou résineux tracé sur la pierre, y adhère si fortement, que, si l'on veut le faire disparaître, il faut employer ou des moyens mécaniques pour l'en séparer, ou des agents chimiques doués d'une action considérable ;

2° Que toutes les parties de la pierre non recouvertes de matières grasses ou résineuses reçoivent seules et conservent, jusqu'à son évaporation, l'eau qui y adhère;

3° Qu'enfin, si l'on passe sur cette pierre un rouleau enduit d'une couleur grasse ou résineuse, cette couleur s'attachera aux traits graisseux ou résineux, et sera repoussée par les parties mouillées.

On a dû chercher, en conséquence, des substances grasses et résineuses sous la forme d'encres ou de crayons capables de pénétrer la pierre et d'y adhérer de manière à résister aux lavages successifs. Le savon, la cire et certaines résines combinées dans de certaines proportions remplissent ce but.

On a cherché aussi à rendre la pierre plus susceptible de s'imbiber d'eau en augmentant sa porosité. Les acides produisent cet effet; de plus, ils nettoient la pierre des souillures qui ont pu se déposer sur la surface; enfin, ils donnent aux traits graisseux et, par conséquent, aux parties qu'ils recouvrent, un relief sans lequel on n'obtient que des épreuves sans vigueur.

La gomme, qui est un des agents les plus indispensables à la lithographie, se combine avec la pierre et forme avec elle un savon calcaire.

En résumé, la théorie de la lithographie se réduit à ces mots : Tracez sur une pierre, à l'aide d'un corps gras ou bitumineux, un dessin quelconque; décapez avec un mélange d'acide et de gomme, humectez votre planche avec une éponge, et pendant qu'elle est humide, passez sur le tout un rouleau enduit d'encre d'imprimerie; il s'établira vite une adhérence entre le corps gras du rouleau et celui du dessin, tandis que l'humidité qui couvre le reste de la planche s'opposera à l'adhérence du noir gras du rouleau sur le fond de la pierre.

Il était tout naturel, comme on le voit par les différentes théories qui précèdent, de chercher à allier la Photographie à ces diverses manières, et de former un procédé mixte unissant la facilité et la fidélité du dessin photographique à l'inaltérabilité, à la rapidité et au bon marché des tirages, qualités qui distinguent les productions de la presse. C'est l'application de cette idée qui constitue aujourd'hui la Photographie aux encres grasses. La Photographie, dans ces procédés, substitue à la main humaine la rectitude d'une réaction chimique. Nous n'entendons pas dire par là que la Photographie s'applique dès aujourd'hui à tous les modes d'impression, quoiqu'il y ait des procédés de photogravure, phototypographie, etc.; attendu que, dans ces procédés, le retoucheur a plus à faire que le photographe; mais ce que l'on peut dire dès aujourd'hui avec certitude, c'est que le procédé, presque semblable à la lithographie, et connu sous les noms de photolithographie, phototypie, héliotypie, etc., que nous allons décrire, est un moyen sûr et pratique de produire des épreuves photographiques inaltérables; les faits sont là pour en répondre.

CHAPITRE II.

De la préparation des surfaces.

Le nom de lithographie indique qu'un dessin est fait sur pierre. Dans le procédé dont nous allons nous occuper, on ne s'en sert que dans certains cas déterminés et assez limités; la plupart du temps, nous nous servirons de préférence de toutes les autres surfaces planes, n'ayant pas le volume toujours embarrassant des pierres lithographiques. Par conséquent, le nom de photolithographie ne s'applique qu'imparfaitement à nos procédés; nous lui préférerons celui de Phototypie qui explique mieux, selon nous, le procédé dont il s'agit.

Toutes surfaces planées des deux côtés, telles que le cuivre, le zinc, le verre et la pierre, feront très bien l'affaire.

Nous prendrons donc une de ces surfaces, soit du cuivre bien plané et dont une des faces seulement aura été finement dépolie. La qualité du cuivre n'a pas d'importance, pourvu que le métal soit bien plan et dépoli.

On achètera ces plaques toutes planées; il est très facile de se les procurer dépolies; mais dans le cas où l'on voudrait faire ce travail soi-même, voici la méthode .

La plaque de cuivre planée et polie, posée sur une table de manière à ne pas la fausser autant que possible, est couverte de poudre de pierre ponce très finement pulvérisée et tamisée avec soin, que l'on humecte légèrement; puis, avec une molette en verre, on use la poudre entre la plaque et la molette; pour obtenir un dépoli très fin, il est bon d'user la poudre à fond, jusqu'au moment où la plaque est bien également grainée.

L'opération terminée, on lave la plaque à grande eau, afin de la débarrasser complètement des traces de pierre ponce et des autres impuretés qui auraient pu s'y attacher. On la sèche au feu. Cette méthode est applicable à toutes les plaques, de n'importe quel métal qu'elles soient. Les glaces se trouvent toutes grainées dans l'industrie.

On pourrait, au besoin, se servir de surfaces polies; mais il vaut mieux s'en abstenir, les surfaces grenues présentant beaucoup plus de garantie, comme résistance, lorsqu'il s'agit d'imprimer.

Comme, dans certains cas, nous devrons nous servir de pierres lithographiques, nous allons également donner la manière de les grainer, quoiqu'il vaille mieux, si l'on n'en fait pas un grand usage, les acheter toutes prêtes chez des spécialistes, le prix de revient n'en est pas sensiblement augmenté, et l'on débarrassera le laboratoire d'une besogne ennuyeuse et très longue.

Nous supposons que les pierres qu'il s'agit de grainer sont dressées, ce qui est toujours le cas, quand on les achète dans les maisons spéciales.

Pour les grainer, on prend deux pierres d'égale dimension, on pose l'une sur une table assez solide, que l'on ne craindra pas de salir; sur cette première pierre, on met du sable finement tamisé; pour commencer, on se sert de celui passé au tamis 80, pour finir, de celui passé au 200; et après l'avoir humecté, on place par-dessus la seconde pierre, de manière que les deux surfaces destinées au travail se trouvent en contact. On imprime à la pierre supérieure, en la tenant par les angles diamétralement opposés, tantôt un mouvement de va-et-vient, tantôt un mouvement de rotation, en passant également et alternativement sur le bord et sur le milieu de la pierre. Lorsqu'il s'est formé une boue qui empêche le mouvement, on renouvelle l'eau et le sable, il est bon cependant d'user le dernier sable, — le plus fin, — le plus possible.

Il faut faire attention, en faisant tourner la pierre supérieure, de ne pas dépasser les bords de celle qui est dessous, car on s'exposerait à rendre celle-ci convexe, tandis que l'autre serait concave. On évite ce défaut en changeant quelquefois les pierres, et en mettant dessous celle qui était dessus, et *vice versa*.

Quand on suppose le travail terminé, on enlève avec précaution la pierre supérieure, de manière à ne pas la traîner sur celle de dessous; on les lave avec de l'eau propre, et on les pose verticalement contre le mur pour les laisser sécher.

Il est bon de ne grainer ensemble que deux pierres de qualités semblables; si l'on grainait une pierre grise sur une pierre blanche, on n'obtiendrait qu'un mauvais résultat.

Il vaut mieux ne travailler ensemble qu'une pierre grise sur une pierre grise, et de même pour les blanches.

Si l'on était obligé de quitter le travail avant qu'il ne fût achevé, il faudrait séparer les deux pierres; sans cette précaution, elles pourraient, en séchant, adhérer ensemble, et il serait presque impossible de les séparer sans les briser. Il est donc bien entendu que toutes les surfaces dont nous nous servirons, soit plaque métallique, glace ou pierre, étant finement dépolies, parfaitement lavées à l'eau propre et mises à sécher spontanément, sont prêtes à servir.

Pour terminer d'un seul coup le Chapitre traitant des surfaces, nous dirons comment on doit nettoyer celles qui ont déjà servi et que l'on voudrait utiliser de nouveau.

Si la glace ou la plaque de cuivre a déjà été imprimée, on enlèvera l'encre à l'essence; en tout cas, on met la plaque à tremper dans l'eau pendant une demi-journée; cette opération a pour but de ramollir la gélatine; on remplace ensuite la première eau, en ajoutant à la seconde 10 pour 100 d'acide sulfurique, qui est un dissolvant de la gélatine, la plaque séjournera une heure dans cette solution ; posant alors la plaque sur une table, on en frictionnera vigoureusement la surface à l'aide d'une brosse un peu dure ; quand toute la couche gélatineuse sera enlevée, on lavera bien la plaque à plusieurs eaux et l'on ajoutera pour les glaces 5 pour 100 d'ammoniaque liquide à l'avant-dernier lavage, afin de neutraliser l'acide acétique, et, après une dernière eau, on laissera sécher ; les plaques seront prêtes à servir de nouveau.

CHAPITRE III.

De la couche sensible.

D'après les extraits des communications faites par M. Poitevin, on a vu qu'une couche de gélatine, de gomme, et leurs congénères, additionnées d'un bichromate, soit d'ammoniaque ou de potasse, après avoir été insolées à travers un cliché photographique, avaient la propriété de prendre l'encre d'imprimerie sur les parties ayant subi l'action des rayons lumineux, et de la repousser, au contraire, sur toutes les autres. On ne sort pas par conséquent de la théorie qui préside à la lithographie. Certaines parties du dessin prennent l'encre parce qu'elles repoussent l'eau : les autres, au contraire, capables d'absorber l'eau, repoussent le corps gras.

Il s'agit donc maintenant de recouvrir les surfaces préparées de la solution sensible.

Cette solution est composée de :

Colle de poisson.

D'albumine.

De gélatine.

De bichromate d'ammoniaque et d'eau.

Ces diverses substances n'étant pas d'une solubilité égale, voici comment il faut opérer pour faire ce mélange. Dans un vase en terre vernissée, on mettra :

Eau distillée	100cc
Colle de poisson pure	3

On fera dissoudre à feu nu, en ayant soin d'agiter constamment le liquide, pour que la colle ne puisse prendre au fond du vase; après vingt minutes d'ébullition, il faut retirer du feu et rejeter toutes les parties de colle qui, à ce moment, ne seraient pas fondues.

D'autre part, on mettra dans un vase en porcelaine:

Eau distillée	100gr
Gélatine	12

Pour faire cette solution, le vase de porcelaine devra être placé dans un bain-marie jusqu'à complète dissolution. Une température de 35° suffit pour atteindre assez rapidement ce résultat. On mêlera les deux premières solutions encore chaudes, en laissant le vase qui contiendra ce mélange sur le bain-marie, qu'il faut maintenir à une chaleur très modérée.

Faire ensuite dissoudre :

Bichromate de potasse	5gr
Eau distillée	20cc

Le bichromate dissous, l'ajouter à la solution de colle et de gélatine, que l'on remuera avec un agitateur en verre pendant cinq minutes, pour rendre le mélange plus intime.

La veille du jour où l'on devra préparer la gélatine

bichromatée sensible, on aura soin de prendre deux blancs d'œufs, que l'on battra vigoureusement jusqu'à obtention d'une neige solide, pour laisser reposer jusqu'au lendemain.

Lorsque le mélange de colle, de gélatine et de bichromate sera fait, on y ajoutera presque à froid 10^{cc} du liquide qui se trouve sous la neige, et l'on battra de nouveau le tout pendant cinq à dix minutes; ensuite on filtrera à travers un linge très fin, ou mieux à travers une bonne flanelle : le liquide sensible est prêt à servir.

Si l'on s'en sert immédiatement, ce qui est toujours préférable, on maintiendra la solution au bain-marie, mais tiède seulement; on ne doit plus chauffer fortement; on attendra toutefois, avant de procéder à la sensibilisation des surfaces, que toutes les bulles qui se trouvent dans le liquide aient disparu ou à peu près.

Toutes ces manipulations diverses peuvent, au premier aspect, paraître difficiles et ennuyeuses; il n'en est rien dans la pratique; avec un peu d'habitude, ces préparations se font d'une manière très simple et très facilement.

Pour éviter des déboires et des insuccès certains, il faut ne se servir dans ces préparations que de colle de poisson pure; la blanche, quoique d'un bel aspect, ne vaut rien. La colle grise qui n'est pas blanchie par l'acide sulfureux est préférable. Il en est de même pour la gélatine. La plus transparente n'est pas la meilleure, elle contient du chlorure de calcium, du carbonate de chaux, de l'alumine, du fer et de l'alun;

on fera donc en sorte de choisir des colles et des gélatines aussi pures que possible.

L'albumine que on ajoute dans la solution sensible n'a pas d'autre raison d'être que de purifier la solution. On pourra, du reste, se servir de toutes les gélatines, si l'on veut se donner la peine de purifier par le moyen suivant celle qu'on adopte :

On découpe les feuilles en morceaux. On les trempe dans de l'eau pure, qu'on change de demi-heure en demi-heure deux ou trois fois. Cette gélatine, imbibée et égouttée, est chauffée au bain-marie jusqu'à dissolution. A chaque quart de litre de la solution, on ajoute un blanc d'œuf étendu de deux fois son volume d'eau qu'on agite fortement avec cinq gouttes d'ammoniaque. Enfin, on fouette fortement le mélange.

Au liquide gélatineux on ajoute, goutte à goutte, de l'acide acétique étendu de 250 fois son poids d'eau, et l'on fouette chaque fois le liquide, jusqu'à ce qu'un papier tournesol trempé dedans passe peu à peu au rouge. Le tout est porté très rapidement à l'ébullition, en remuant toujours avec les verges. Une ébullition de trois minutes suffit.

On filtre alors la gélatine à travers du papier, en ayant soin de tenir l'entonnoir un peu chaud; le liquide doit passer très clair. Le filtrage terminé, la gélatine est versée sur des assiettes en porcelaine, où elle se coagule à l'abri de la poussière; lorsqu'elle est complètement sèche, on la coupe en petits morceaux, qu'on met tremper dans de l'eau distillée pendant quarante-huit heures; on aura soin de changer l'eau trois ou quatre fois. Une fois séchée de nouveau, cette gélatine est mise de côté pour s'en servir au besoin; en cet état, elle est excellente pour nos procédés. Ce mode de purification, décrit par M. Stimde, est excellent en tout point, et permet de n'avoir pas toujours cette préoccupation, la non-réussite par suite de gélatine impure.

Si l'impression se fait sur glace, deux couches de mixtion sont nécessaires pour assurer l'adhérence de la gélatine sur son support.

1re MIXTION

Silicate de potasse	5cc
Bière	100

Ce mélange ne doit se faire qu'au moment de s'en servir. On attend que la surface de la glace soit sèche pour verser la seconde couche. Les glaces recouvertes de cette première préparation sont placées dans l'étuve dont elles doivent prendre la température 35°. On verse alors la couche imprimante préparée d'après la formule qui suit en se conformant aux manipulations qui précèdent.

2e MIXTION

Gélatine	18gr
Eau	150
Colle de poisson	6
Bichromate d'ammoniaque	6
Eau	75cc

CHAPITRE IV.

De la sensibilisation des surfaces.

La solution sensible étant prête, il faut l'appliquer sur les surfaces sur lesquelles on devra plus tard imprimer. Comme nous l'avons déjà dit, nous nous servons de planches de cuivre, mais pour toutes les surfaces la manière de faire est la même. Cette opération et celle du séchage qui suit sont très importantes pour bien réussir; elles dépendent complètement des soins de celui qui opère; il est donc nécessaire d'y apporter toute l'attention possible. Tout le travail qui suit, jusqu'à ce que les plaques soient prêtes à être impressionnées, doit être fait dans une pièce chauffée constamment à 40° ; c'est une condition très utile. Si cependant on se trouvait placé de manière à ce qu'il soit impossible d'avoir une pièce disposée pour cela, voici comment, sans nuire au succès, on peut tourner la difficulté.

On se procurera une caisse un peu longue, à laquelle on enlèvera le fond, ainsi qu'un des côtés dans le sens de la longueur; cette caisse sera posée par le fond qui manque sur un petit bâti à jour d'à peu près $0^m,40$ de haut, et le côté enlevé placé vers l'opérateur ; il faut mettre ensuite à l'intérieur de la caisse, à une hauteur de $0^m,20$ du bâti, deux tasseaux parallèles qui la traverseront dans le sens de la largeur, sur lesquels on placera soit une glace forte, soit une plaque de métal bien plane. Sa grandeur devra être calculée de manière à ce qu'il existe un espace d'au moins $0^m,02$ entre les quatre côtés de la plaque et les parois de la caisse pour donner passage à l'air chaud.

A l'aide d'un niveau d'eau, on mettra la plaque complètement d'aplomb ; on la nivellera très exactement au moyen de petits cartons posés entre la plaque et les tasseaux. Il est bon de fixer une fois pour toutes les petits cartons. Nous jugeons inutile d'indiquer aucune dimension exacte pour cette caisse ; chacun pourra la faire arranger à sa guise, quand nous aurons dit que les tasseaux doivent être placés de manière à ce que le feu qui sera placé au-dessous, dans le petit bâti à jour, ne puisse chauffer que légèrement la plaque posée dessus ; c'est la chaleur qui passe entre celle-ci et les parois de la caisse qui doit sécher les surfaces sensibles ; la distance au-dessus des tasseaux ne doit pas être trop grande, de façon à ce que la chaleur ne s'éloigne pas trop. La largeur de la caisse sera en proportion de la dimension et du nombre de plaques que l'on y voudra sécher. Nous n'avons pas hésité à conseiller ce moyen d'éviter le chauffage d'une grande pièce, qui aurait rebuté bien des amateurs; d'autant plus que ce moyen est celui dont nous nous servons avec succès.

La caisse étant ainsi disposée, on tiendra à sa portée et tout allumé un petit fourneau à charbon de bois, assez petit pour pouvoir être placé dans le bâti de la caisse quand il en sera besoin. Pour commencer l'opération, on chauffera l'envers de la plaque qu'il s'agit de recouvrir de la solution sensible; elle le sera suffisamment, si elle est légèrement tiédie; on verse alors la gélatine bichromatée, qui doit être également un peu tiède; si pendant la préparation elle se refroidissait, il faudrait la remettre au bain-marie. Ce liquide ne coule pas aussi aisément que le collodion sur une glace; mais comme il n'y a aucun danger à en aider l'extension avec le doigt ou un triangle en verre, on en vient facilement à bout. C'est en versant surtout qu'il faut éviter la formation de bulles d'air à la surface et à l'intérieur de la couche, chacune de ces bulles restées dans la couche forme un trou à l'impression; il est donc essentiel de les chasser en dehors de la plaque, soit avec le doigt, soit avec le triangle.

Le liquide étant convenablement étendu, il faut incliner la plaque pour que l'excédent puisse s'écouler, non pas qu'il faille laisser tomber totalement le liquide; la couche qu'il est nécessaire d'avoir sur la plaque doit avoir $0^{m},001$ d'épaisseur; on relèvera donc la plaque dans le sens opposé au coin d'écoulement, lorsqu'il restera la quantité voulue. Tenant alors la plaque aussi horizontalement que possible, on chauffera au-dessus du fourneau, jusqu'à ce que la solution commence à fumer un peu, puis on la mettra sur la glace placée dans la caisse; si celle-ci est faite pour contenir plusieurs plaques, on procèdera immédiatement à la préparation des autres. Quand toutes les surfaces sont couvertes, on place le petit fourneau dans le bâti; il est bien entendu que le feu du fourneau ne doit presque pas chauffer la glace sur laquelle sont les plaques à sécher; il est bon de fermer le côté placé vers l'opérateur, soit avec un voile, soit avec un petit volet fait exprès; on pourra, pour éviter des accidents, tapisser l'intérieur de la caisse avec du papier, à moins que l'on n'aime mieux faire la caisse en toile, que l'on couvrira intérieurement avec deux doubles de papier buvard, ce qui est préférable.

Une précaution que l'on peut prendre aussi, c'est de chauffer l'intérieur de la caisse avant de rien y mettre à sécher; cette précaution est bonne à prendre quand on a plusieurs plaques à préparer. Toutes les opérations que nous avons décrites, jusqu'au moment où la plaque préparée est placée dans la caisse, peuvent se faire à la lumière; à partir de ce moment, les plaques ne doivent plus voir le jour; par conséquent, la caisse-séchoir devra toujours être placée dans une pièce que l'on puisse obscurcir à volonté.

Les glaces ne sont sèches qu'après deux heures d'étuve. La température de l'appareil ne doit, en aucun cas, dépasser 35°.

La couche sèche doit offrir une belle couleur jaune.

On les place dans un milieu sec à l'abri de toute lumière. Elles peuvent servir pendant cinq ou six jours, mais il est préférable de les insoler le jour même ou le lendemain.

La solution de gélatine bichromatée ne doit servir que le jour de sa préparation; on peut cependant l'utiliser jusqu'au surlendemain; mais il vaut mieux n'en préparer que la quantité nécessaire chaque fois.

Le bichromate d'ammoniaque ne doit, autant que possible, jamais être fortement chauffé, surtout en solution avec la gélatine; c'est pourquoi nous recommandons de ne jamais exposer la solution sensible ni les plaques qui la supportent à une température au-dessus de 45° centigrades. L'humidité est également très à craindre; il s'agit donc, pour obtenir des couches dans un parfait état, de choisir une température moyenne et constante tant que les surfaces n'auront pas été impressionnées.

CHAPITRE V.

Des clichés propres aux procédés

Les plaques terminées, comme nous l'avons indiqué dans le Chapitre précédent, sont prêtes à être impressionnées à travers le cliché négatif qu'il s'agit de reproduire. Mais, avant de décrire cette partie du procédé, il est indispensable que nous examinions quels sont les clichés propres à donner de bonnes planches imprimantes, et les qualités qu'ils doivent posséder, sous peine de n'avoir que de mauvais résultats.

Le meilleur cliché, qu'il s'agisse seulement de reproduire des traits ou qu'il s'agisse de demi-teintes, est celui que tout bon photographe soucieux de bien faire reconnaîtra comme excellent pour la Photographie ordinaire.

Voici les qualités indispensables qu'il doit avoir pour le trait : la netteté parfaite; les parties qui donneront les blancs très-opaques; celles donnant les noirs complètement dépourvues de voile, — si léger qu'il soit; — et s'il s'agit de portraits, toutes les demi-teintes bien accusées. Un cliché qui, avec les procédés aux sels d'argent, produira une épreuve passable, ne nous donnera qu'une épreuve médiocre; il est donc nécessaire de ne se servir que de clichés excellents.

Si l'on se servait de négatifs tels que ceux employés en Photographie, les épreuves imprimées auraient la gauche à droite, comme cela arrivait pour les plaques daguerriennes et les positifs sur verre. Dans bien des cas, surtout pour les amateurs, ce défaut n'aurait pas de grands inconvénients; mais, pour l'industrie, ce serait un défaut capital, si l'on n'avait plusieurs moyens d'y obvier.

Il faut, pour obtenir les épreuves dans leur vrai sens, retourner les négatifs ordinaires. Voici les différentes méthodes :

1° Retourner la glace et faire le cliché au travers,

2° Poser la glace comme d'habitude, en se servant d'un instrument muni d'un prisme;

3° Transporter un cliché ordinaire sur collodion-cuir;

4° Faire un report.

C'est ce dernier moyen que nous préférons; nous le décrirons complètement dans la partie traitant de l'impression; par ce moyen, on peut se servir de tous les anciens clichés, sans être astreint aux opérations du retournement.

Pour faire un cliché retourné, en impressionnant au travers de la glace, il faut se servir d'un châssis spécial ou d'un châssis ordinaire, auquel on apporte les modifications suivantes :

Après avoir enlevé le ressort qui d'habitude appuie sur le dos de la glace dans le châssis, on place aux coins de la planchette, qui sert à le fermer, quatre petits ressorts. Il est indispensable de n'employer pour ces clichés que de la glace, et, une fois collodionnée, il faudra en essuyer minutieusement le dos, car toutes traces de liquides ou d'impuretés marqueraient infailliblement sur le cliché. Dans la mise au point, on tient compte de l'épaisseur de la glace ; on y arrive assez juste avec un peu d'habitude.

Le second moyen, par le prisme, est bien plus commode; seulement, il est très-coûteux, ces sortes d'instruments se vendant assez cher.

Le dernier moyen, qui consiste à transporter le cliché sur une pellicule, s'emploie de la manière que voici :

On dévernit le négatif s'il y a lieu. Dans le cas contraire, on procèdera comme il suit :

Le cliché est plongé dans de l'eau pure d'abord, puis dans un bain d'eau acidulée à 7cc d'acide chlorhydrique pour 100 d'eau. On lave de nouveau et on laisse sécher.

Le cliché bordé de papier un peu fort est chauffé au-dessus d'un vase d'eau bouillante, de façon à le couvrir de buée; on le pose à plat, le côté du collodion en dessus, sur une glace mise de niveau, et aussitôt on verse à sa surface une dissolution de gélatine, 30cc environ dans les proportions suivantes :

Gélatine	20gr
Eau	100
Glycérine	2 gouttes.

On se sert avec avantage d'une pipette pour étendre la gélatine.

Quand la gélatine a fait prise, on relève le cliché ; on met sécher sur le chevalet, à une température douce, dans une pièce privée de poussière.

La couche de gélatine étant sèche, on en recouvre la surface avec le collodion suivant :

Alcool à 40°..........	100cc
Ether..........	200
Glycérine..........	6
Coton-poudre..........	4gr

Cette couche de collodion sèche rapidement. Quand elle est bien sèche, on coupe la gélatine formée en pellicule près des bords de la glace ; on l'enlève ; elle entraîne le cliché, qui se trouve alors retourné. Ce procédé de retournement, indiqué par M. Jeanrenaud, est des plus simples.

Voici la méthode de retournement adoptée dans les grands ateliers de gravure et d'impression.

Le négatif obtenu à la chambre noire est renforcé, s'il s'agit de trait, d'abord au bichlorure de mercure à saturation, puis à l'ammoniaque liquide coupé de moitié d'eau, et simplement à l'acide pyrogallique pour la demi-teinte. On lave et l'on gomme.

On couvre le cliché, quand il est sec, d'une couche de caoutchouc dissous dans la benzine et d'une densité égale à celle du collodion ordinaire.

On verse sur le caoutchouc, après l'évaporation de la benzine, une nouvelle couche de collodion normal à 2 pour 100 de coton et on laisse sécher une seconde fois.

Le retournement se fait en immergeant le négatif dans une cuvette d'eau fraiche.

On ne négligera pas au préalable de couper à la lame les bords du cliché à $0^{m},005$ de l'arête du verre dans tous les sens.

On applique ensuite (sous l'eau) sur l'épreuve un carré de papier lissé de la dimension exacte du négatif rogné. Il suffit alors de retirer le verre de la cuvette et de passer la racle sur le papier pour chasser les bulles d'air.

Si l'on rabat un des angles de la pellicule sur le papier, une légère traction entraîne le collodion qui quitte le verre en se reportant sur le papier.

La feuille portant la pellicule est à ce moment appliquée sur une glace, le collodion en dessus. On pose alors une seconde feuille de papier humide sur la pellicule. On rabat un angle comme précédemment et l'on reprend le négatif, dès lors retourné, qu'on fixe avec un peu d'eau gommée sur la glace qui doit lui servir de soutien définitif.

La couche de caoutchouc interposée empêche toute déchirure et l'on peut opérer sans hésitation.

Le négatif fixé à la gomme peut être repris de la glace et conservé en portefeuille sur une feuille de papier. On le détache en plongeant le verre dans une cuvette d'eau ordinaire.

CHAPITRE VI.

Partie photographique. — Tours de main.

Nous écrivons ce Livre non seulement pour les photographes, mais aussi pour les graveurs et pour les imprimeurs.

Nous croyons donc utile de consacrer ce Chapitre aux tours de main qui donnent, à coup sûr, de bons négatifs pour nos impressions héliographiques.

Nous n'avons pas la prétention d'apprendre la Photographie à une personne complètement étrangère à ce travail; mais nous prétendons indiquer une marche à suivre sûre et certaine aux personnes qui connaissent la Photographie sans l'avoir exercée.

Si l'on désire s'occuper de Phototypie sans connaissances préalables, on étudiera d'abord les Ouvrages spéciaux et l'on demandera des leçons à un habile praticien. Les conseils que nous donnons ici ne pourront être profitables qu'à la condition d'être compris.

Dans le Chapitre précédent, nous avons indiqué quelles sont les différentes qualités que doivent avoir les clichés propres à l'impression sur gélatine bichromatée, nous allons indiquer la manière de les obtenir.

Tout collodion qui marche bien peut donner d'excellents clichés. Voici cependant une formule à adopter plus particulièrement :

Ether à 62°	100cc
Alcool à 40°	100
Fulmi-coton	2gr
Iodure d'ammonium	1
Iodure de cadmium	0 ,75
Iodure de potassium	0 ,50
Bromure d'ammonium	0 ,50
Bromure de cadmium	0 ,50
Iode en paillette	0 ,001

Les bains sensibilisateurs doivent être, en été à 7 pour 100, en hiver à 8 pour 100. On peut, pour les préparer, se servir indistinctement de nitrate d'argent fondu blanc ou cristallisé; dans le cas où le nitrate est fondu, on doit, lorsque le bain est fait et avant de le filtrer, y ajouter autant de gouttes d'acide nitrique pur, préalablement étendu de trois volumes d'eau distillée, qu'il y a de centaines de grammes de liquide. Dans le cas où l'on se servirait au contraire de nitrate cristallisé, on ajouterait au bain, avant de le filtrer, 5 à 6 gouttes par 500gr de liquide, d'une solution alcoolique d'iode.

Pour bien faire et avoir toujours des bains en bon état, on se sert le moins possible de bains nouveaux. On ajoute à un bain fatigué le quart de son volume d'eau distillée. Au bout de quelques jours, l'iodure d'argent qu'il contient s'est déposé au fond du vase, on décante le bain, et, après l'avoir pesé, on y ajoute la quantité de nitrate d'argent nécessaire pour le ramener au taux voulu, et il est prêt à resservir.

Dans la production du cliché, chaque opération, quoique différente, concourt à la réussite générale; par conséquent il est nécessaire d'établir une unité d'action aussi complète que possible; donc, quand on se servira d'un bain sensibilisateur au nitrate fondu, les glaces devront être nettoyées avec un mélange d'alcool et d'acide acétique, — à peu près une partie d'acide et cinq d'alcool. — Pour les bains de nitrate cristallisé, une solution très étendue d'iode et d'alcool devra remplacer la solution acide.

Nous avons déjà dit que les clichés bons pour nos travaux doivent être complètement dépourvus de tout voile, si léger qu'il soit; toutes les formules que nous venons d'indiquer doivent aider à atteindre ce but, qui serait cependant complètement manqué, si l'on négligeait les précautions suivantes qu'il faut prendre pendant l'exposition de la glace sensible.

La pose doit, autant que possible, être exacte, mais, en tous cas, plutôt plus courte qu'exagérée dans le sens contraire, sans quoi les parties qui doivent donner les noirs seraient voilées, et les demi-teintes confondues dans les blancs; cette recommandation s'applique surtout quand on reproduit des objets où les blancs dominent.

Précaution plus importante encore, l'objectif dont on se sert doit toujours être garanti, et cela d'une manière *absolue*, de tout rayon de lumière autre que ceux reflétés par l'objet à reproduire.

Pour cela, on le garnira d'un cône de 1^m de long, s'il le faut, et l'on placera la chambre noire de manière à éviter non seulement les rayons de lumière arrivant directement sur l'objectif, mais encore ceux qui pourraient frapper les parois intérieures du cône, sans quoi les rayons étrangers traversant ceux qui émanent de la carte ou du plan à reproduire les annulent, et l'on obtient comme résultat un cliché où les blancs et les noirs ont presque la même valeur.

Il est inutile de recommander que la chambre noire soit toujours placée de manière à être complètement parallèle avec l'objet à reproduire, si l'on veut éviter les déformations.

Le développement des glaces doit se faire assez rapidement pour éviter les voiles qui sont la conséquence inévitable d'un développement trop prolongé; il doit, si cela est possible, se faire dans une pièce presque complètement obscure; les carreaux jaunes, surtout quand la lumière est un peu vive, sont, quoiqu'on en dise, encore trop photogéniques, on aura donc une bougie, garantie par des carreaux jaunes.

Voici la formule d'un bain développateur qui nous a toujours très bien réussi :

Sulfate de fer ayant déjà servi à développer, après filtration	100^{cc}
Acide acétique	2
Nitrate de potasse	1^{gr}

La solution de sulfate de fer ci-dessus peut se remplacer par celle-ci :

Sulfate de fer pur	5gr
Eau distillée	100cc
Acide acétique	6
Alcool à 36°	3

Si les clichés ont besoin d'être renforcés, il est utile de les laver après la venue au fer.

Solution pour renforcer, avant le fixage :

1°	Eau distillée	100cc
	Alcool, à 36°	3
	Acide acétique	3
	Acide citrique	0gr,50
	Acide pyrogallique	0 ,50
2°	Eau distillée	100cc
	Acide acétique	6
	Alcool à 36°	3
	Nitrate d'argent cristallisé	3gr

Le fixage doit se faire, s'il se peut, avec le cyanure de potassium; quoique ce produit si dangereux soit d'un emploi peu agréable, il faut s'en servir de préférence à l'hyposulfite de soude, les clichés sont beaucoup plus purs.

Dans le cas où il serait nécessaire d'obtenir des blancs très purs, comme il arrive quand on reproduit des cartes géographiques ou des plans, on renforce le cliché, après le fixage, de la manière suivante :

Faire deux solutions :

1°	Eau distillée	100cc
	Bichlorure de mercure	5gr

2° Eau distillée	100cc
Ammoniaque liquide	50

La glace bien lavée est immergée pendant dix minutes dans le premier bain.

On lave encore avant de faire passer le négatif dans le second bain.

Voilà toutes les recommandations se rapportant à la Photographie pure que nous croyons devoir faire; en les suivant, on sera certain d'obtenir des clichés dans les conditions voulues, pour les procédés phototypiques.

CHAPITRE VII.

De l'insolation.

L'impression, par la lumière, des plaques à la gélatine bichromatée est l'opération la plus délicate de toutes celles qui constituent les procédés que nous décrivons, en ce sens que c'est celle où l'opérateur a besoin de toute sa sagacité, car pour ce travail il n'y a pas de règles certaines à fixer; le plus ou moins d'intensité de la lumière, les qualités du cliché et le temps écoulé depuis la préparation de la plaque à impressionner, sont autant de considérations à faire entrer dans les variations du temps de l'exposition à la lumière.

Cependant, pour le photographe habitué à calculer le temps de pose nécessaire à l'obtention des clichés négatifs, celle des plaques bichromatées ne présente pas plus de difficulté. Toute personne, même non habituée au travail photographique, mettant à profit les indications que nous allons donner pour guider l'opérateur, pourra, en peu de temps, s'acquitter convenablement de cette tâche.

Voici les règles qui peuvent guider pour l'exposition à la lumière :

Examiner le cliché au travers duquel on impressionnera, afin d'en bien connaître la force, et, d'après cet examen, calculer le temps d'exposition qui sera nécessaire pour obtenir de ce cliché une épreuve sur papier nitraté. En supposant qu'il faille dix minutes au soleil, on poserait, pour les plaques gélatinées, un quart d'heure; et si, à la lumière diffuse, le même cliché exigeait une exposition d'une demi-heure, on devra doubler ce temps pour nos surfaces sensibles. — Règle générale : Un cliché pour les épreuves aux sels d'argent pose un temps déterminé. — Nous augmenterons de la moitié ce temps de pose, si nous opérons en plein soleil, et nous la doublerons, si nous opérons à la lumière diffuse.

Les photographes, qui reconnaissent du premier coup la valeur d'un cliché, l'impressionneront juste en peu de temps: les personnes à qui cette connaissance est étrangère l'acquerront par la pratique, et en sacrifiant soit quelques morceaux de papier nitraté, soit même une ou deux plaques préparées. En général, il vaut mieux surexposer un peu trop que de tomber dans l'excès contraire.

Comme il est facile de reconnaître lorsqu'une plaque a été trop ou trop peu impressionnée, il suffira d'en bien tenir compte en la recommençant.

Voici à quoi on reconnaîtra les expositions exagérées dans un sens ou dans l'autre :

La plaque bien exposée doit, en sortant du châssis,

présenter l'image avec ses détails en brun foncé sur un fond or; les détails ne doivent point être trop exagérés, mais cette inspection ne suffit presque jamais pour se rendre très exactement compte du résultat; ce n'est qu'à l'encrage que l'on pourra être exactement fixé.

S'il y a excès de pose, l'encre d'impression prend trop facilement sur les noirs; les blancs et les demi-teintes se salissent; il faut cependant se méfier, car, en général, la gélatine, même posée à point, ne rend pas toujours immédiatement le noir, et, en continuant l'encrage, on voit souvent l'image se couvrir de mieux en mieux; on emploiera, au besoin, pour y arriver, le moyen que nous indiquerons au Chapitre spécial. Si, au bout de deux ou trois essais faits pour encrer la planche, le défaut que nous venons de signaler persistait, c'est qu'il y aurait excès d'insolation.

Les planches insuffisamment exposées sont à recommencer; on ne peut s'en servir; les noirs s'empâtent immédiatement et les demi-teintes font complètement défaut.

L'impressionnement des plaques métalliques se fait dans les châssis positifs ordinaires.

Si, par les moyens que nous avons indiqués pour régler à peu près les temps de pose, on craignait de manquer quelques plaques, on pourra se servir du photomètre Vidal [1]. D'ailleurs, les plaques ne sont

[1] VIDAL. — *Photomètre négatif*, avec une instruction. Renfermé dans un étui cartonné. (Paris, Gauthier-Villars.)

ni assez coûteuses, ni assez ennuyeuses à faire, pour craindre d'en gâter quelques-unes en faisant des essais; d'autant plus qu'il n'y a qu'à débarrasser le métal pour s'en servir à nouveau.

Pour insoler, il n'est aucunement besoin que la lumière soit très belle, pourvu que le temps d'exposition soit suffisant; par conséquent, on obtiendra d'aussi beaux résultats à la lumière diffuse qu'au soleil. Si l'on n'est pas certain que l'insolation puisse être complètement terminée le jour même, il vaudra mieux, pour éviter un insuccès, remettre l'opération à un autre jour.

Dernière recommandation :

Garantir de l'humidité les plaques préparées, en les laissant toujours dans des endroits secs.

CHAPITRE VIII.

Du développement.

La plaque étant insolée, on la rentrera dans le cabinet éclairé par une lumière jaune, où on la plongera immédiatement, la face en dessus, bien entendu, dans une bassine en zinc remplie d'eau légèrement tiédie; elle y séjournera une demi-heure. Rejetant alors la première eau, on la remplacera par de l'eau beaucoup plus chaude, qu'il faudra changer trois fois, de cinq minutes en cinq minutes.

On peut suivre un autre mode de développement, qui est le suivant :

Dès que la plaque revient de l'insolation, on la laisse quelques instants exposée à l'air, pour lui laisser perdre la chaleur que peut lui avoir communiquée le soleil; on la place ensuite dans une cuvette contenant de l'eau froide pure, où on la laisse à peu près une heure, sans changer l'eau; dès que tout le bichromate en liberté sera dissous, on n'aura qu'à sortir la plaque pour la laisser sécher spontanément.

On emploie fréquemment, dans les procédés dont

nous nous occupons, deux couches sensibles différentes; nous ne les conseillons pas lorsque l'on se servira de planches de cuivre, mais dans tous les autres cas elles sont indispensables, et voici pourquoi :

La gélatine bichromatée a une grande affinité pour le cuivre, auquel elle adhère très fortement; mais il n'en est pas ainsi lorsque l'on opère sur glace; sur glace, la couche sèche se soulève. Dans tous les cas, cet accident se produit au cours de l'impression.

Il faut donc couvrir la glace de la mixtion n° 1, dont la formule a été donnée avant de verser la couche imprimante, en suivant les règles qui ont été données.

De cette manière, comme la gélatine bichromatée, réduite par la lumière, a une bien plus grande force adhésive, elle ne s'enlève plus et offre, par conséquent, un appui solide à la seconde couche qui formera l'image.

Comme on peut le voir par tout ce qui précède, nous ne conseillons, dans nos manipulations phototypiques, aucun mode de retournement de la couche de gelatine bichromatée; selon nous, ce moyen est mauvais, en ce qu'il ne permet jamais de compter sur l'exactitude complète des lignes, surtout quand il s'agit de reproduction de plans ou de cartes géographiques.

Car, étant donnée une couche de gélatine étendue et séchée sur une surface plane et rigide, cette couche subira certainement, en séchant, un mouvement d'extension; si, une fois impressionnée, on la mouille et qu'on lui fasse quitter le support rigide, il est certain qu'il y aura contraction et, par conséquent, distorsion dans un sens quelconque, même si on la reporte sur une seconde surface également plane et rigide.

DEUXIÈME PARTIE.

CHAPITRE I.

Des Outils d'impression.

Au commencement de cette deuxième Partie, il est nécessaire de rassurer le lecteur sur une crainte bien légitime qu'il pourrait avoir, que nous avons eue aussi, du reste, celle de ne pas réussir à imprimer convenablement, s'il n'est pas lithographe. Que l'on suive bien les indications que nous allons donner, et l'on aura l'agréable surprise, les plaques étant bien préparées, de produire de bonnes épreuves au rouleau, sans jamais avoir été imprimeur. Non pas que nous voulions dire que l'imprimeur ne fera pas mieux avec les conseils qu'on lui donnerait, bien loin de là; nous ne voulons pas dire non plus que, du premier jour, n'importe qui imprimera des chefs-d'œuvre; mais ce que nous certifions, c'est qu'avec de la propreté, du soin et beaucoup d'attention, une personne intelligente obtiendra, au bout d'un temps très court, de bons résultats.

Avant de décrire la manière d'imprimer spéciale à nos procédés, nous allons, pour toutes les personnes étrangères au métier d'imprimeur, puiser dans un ouvrage tous les renseignements qui nous seront utiles plus tard. Comme nous l'avons déjà dit, nos procédés diffèrent peu de la lithographie : c'est donc toujours à ce mode de production que nous ferons les emprunts nécessaires pour éclairer le lecteur sur l'usage des objets dont il se servira.

Voici le matériel nécessaire à l'imprimeur :

Deux rouleaux ;

De l'encre ;

Du vernis ;

Une table au noir,

Un racloir et un couteau ;

Des éponges, des linges très propres, et divers autres petits accessoires dont nous parlerons au fur et à mesure que nous décrirons le procédé.

Nous transcrivons ici les notes que nous avons prises dans le Manuel Roret :

Le rouleau est un cylindre en bois, terminé par deux axes ou manches que l'on fait ordinairement en bois plus dur que celui du cylindre. Les rouleaux sont garnis d'abord d'une ou deux flanelles (de molleton), et recouverts d'une peau de veau dont le côté de la chair est en dehors ; ces peaux doivent être de premier choix, exemptes d'entailles et parées avec soin dans toute leur étendue. Le grain du cuir doit être égal, fin et d'un tissu serré, condition indispensable pour la peau d'un bon rouleau.

Avant qu'il soit possible de se servir d'un rouleau, il faut le *faire* ; on entend par cette expression l'imbiber suffisamment de corps gras, afin qu'au tirage il puisse repousser l'humidité.

On n'arrive au degré convenable qu'après l'avoir roulé pendant plusieurs jours sur la table au noir et l'avoir préalablement enduit de vernis, en le raclant souvent avec le couteau dont le tranchant est émoussé et en renouvelant plusieurs fois l'encre et le vernis.

Le rouleau dur, c'est-à-dire celui qui est garni d'une seule flanelle, a la propriété de retirer l'encre au lieu de la donner. Celui qui est mou, c'est-à-dire garni de deux flanelles au moins, donne, au contraire, beaucoup d'encre. A la fin de la journée, les rouleaux doivent être dégarnis de l'encre, pour qu'ils puissent sécher pendant la nuit et perdre ainsi l'humidité contractée par le travail de la journée.

Pour être bonne, l'encre d'impression doit être en rapport, par son degré de force, à la nature du travail auquel elle est destinée. Plus le vernis est faible, plus l'encre a de tendance à prendre sur les traits ; mais aussi plus le danger d'empâter est grand et plus les épreuves sont lourdes.

Il arrive le contraire avec de l'encre faite avec le vernis très-fort. Pour obtenir une bonne encre, il faut y faire entrer le plus de noir possible ; l'encre lithographique se compose de vernis fort et de noir de qualité supérieure.

On ne peut pas faire soi-même une encre convenable. On la trouve dans les maisons spéciales. En voici la composition à titre de renseignement.

Cire jaune..........................	400gr
Suif..................................	300
Gomme laque........................	500
Mastic en larmes épuré............	100
Savon blanc.........................	400
Térébenthine de Venise............	50
Huile d'olives.......................	50
Noir de fumée......................	100

Le vernis d'impression joue un rôle important dans la lithographie; car, sans bon vernis, pas de bonne encre, et, par conséquent, point de bonnes épreuves. Aussi recommandons-nous de ne tirer de vernis que d'une maison sûre et consciencieuse. Ce vernis est de l'huile de lin très-pure, cuite.

La table au noir est une planchette de marbre poli, ou une pierre lithographique poncée, de 30cq à 40cq de surface. Si la pierre est neuve, il faut avoir soin d'y passer à plusieurs reprises de l'huile de lin.

La raclette est celle que les vitriers appellent couteau à reboucher; il est important que la lame soit suffisamment affilée et droite sur le tranchant.

Le couteau pour le rouleau est un couteau ordinaire de table, mais peu tranchant.

Le choix des éponges n'est pas sans importance. Les éponges fines de toilette absorbent une quantité considérable d'eau et en retiennent beaucoup trop lorsqu'on les lave; si l'on néglige de les nettoyer, elles s'encrassent et salissent la pierre. Les éponges très communes mouillent mal; nous préférons celles qui sont vendues sous le nom d'éponges de Venise.

Nous terminons ici ces différentes notes, qui suffiront à faire mieux comprendre les recommandations que nous aurons à faire par la suite.

Dans la nomenclature des objets nécessaires, nous n'avons pas parlé de la presse. On se sert en général de la presse de la maison Poirier dont le prix n'est pas trop élevé, ou de l'appareil plus récent construit par M. Alauzet.

Une presse lithographique ordinaire peut servir au tirage sur la gélatine.

CHAPITRE II.

De l'Impression.

Dès que l'on voudra procéder aux tirages, on mettra la plaque dans une cuvette contenant de l'eau propre, et pendant qu'elle y séjournera, on s'assurera que tous les objets nécessaires pour la suite du travail sont à portée de la main. Sur une table à côté de la presse, on aura un bol d'eau, un second vide pour l'éponge à humecter, un troisième avec l'éponge à essence; de plus, des linges propres, ni trop vieux, car ils plucheraient, ni trop neufs, car ils manqueraient de souplesse.

On s'assurera aussi qu'il y a sur la presse quatre ou cinq feuilles de papier propres, coupées à la grandeur de la plaque à imprimer, ainsi qu'une feuille de bristol souple, de la même grandeur et préalablement cylindrée. Cette feuille de bristol, ainsi que le papier serviront de maculatures.

Tous ces objets étant prêts, avec la raclette on prendra un peu d'encre d'impression, — gros comme une noisette, — que l'on placera sur un coin de la table au noir. Quant à celle-ci, elle doit être placée sur une petite table, assez solide pour résister au va-et-vient du rouleau. On prend avec le couteau un peu de vernis qu'on mélange au noir avec la raclette sur le bord de la table à encrer. L'encre dont nous nous servirons est une encre spéciale, très-chargée en couleur, que l'on trouvera maintenant dans certaines maisons ; on peut toutefois se servir de celle des typographes. Le vernis est le vernis moyen employé en lithographie. Le noir et le vernis, bien mélangés, sont étendus sur la table au noir, aussi également que faire se pourra ; il est bon d'en garnir aussi le rouleau.

On roulera alors, de bas en haut et de haut en bas de la table au noir, le rouleau encreur, en ayant soin de le relever de temps en temps pour lui laisser faire plusieurs tours sur lui-même en l'air ; de cette manière ce n'est pas toujours le même endroit du rouleau qui porte sur les mêmes points de la table. Le mouvement du rouleau doit s'exercer dans tous les sens de la table ; puis, à l'aide de la raclette, on enlèvera deux à trois fois l'encre du rouleau de la table au noir pour la remettre jusqu'à ce que la couche s'étende d'une manière bien uniforme et sans aucune épaisseur.

On continuera le mouvement de va-et-vient du rouleau jusqu'à ce que le noir étant uniformément étalé, on entende un petit crépitement, et qu'en même temps on éprouve un peu de peine à faire quitter le rouleau.

Pour nos planches, qu'on le remarque bien, l'encre ne doit pas être liquide; au contraire, elle doit être encore plus compacte que celle du lithographe; par conséquent, à ce moment, elle ne serait pas convenable encore pour encrer; il faut décharger le rouleau. On aura donc à côté de la première pierre, qui sert de table au noir, une deuxième sur laquelle on recommencera le mouvement de va-et-vient, à l'aide du même rouleau, mais sans mettre d'encre ni de vernis, celui du rouleau suffit. Cette seconde pierre se couvrira peu à peu d'une couche d'encre bien régulière, mais plus compacte et plus sèche que celle de la table au noir.

Quand on entendra encore le petit crépitement, mais moins accentué, on s'arrêtera de nouveau. Le rouleau dont nous avons parlé jusqu'à présent ne doit servir à aucun autre usage; on emploie le second rouleau pour prendre l'encre sur la pierre à décharger; c'est ce second rouleau qui servira à encrer la plaque.

Tous ces soins préliminaires ne doivent pas durer plus de dix minutes, temps nécessaire pour laisser tremper la plaque. Cette dernière opération a pour but de ramollir la gélatine. Les parties qui ne doivent pas prendre l'encre ayant contracté une certaine humidité sont plus propres à repousser le corps gras de l'impression.

Sortant alors la plaque de l'eau, on la placera sur une table, et avec un linge doux et propre, on l'essuiera jusqu'à ce qu'elle soit sèche. On peut appuyer sur la couche, mais sans exagération.

A ce moment, la couche serait encore un peu trop humide, car, qu'on ne l'oublie pas, la surface ne doit jamais être mouillée ; elle doit tout au plus être humectée; c'est en grande partie de ce point que dépend la bonne réussite. On aura donc le temps de fixer la plaque sur un bloc de bois, disposé à cet effet sur la presse autographique. Dans le cas où l'on se servira d'une presse lithographique, il est inutile de fixer la plaque; on la posera tout simplement sur une vieille pierre lithographique; cela fait, on donnera cinq ou six tours du deuxième rouleau sur la pierre à décharger. On doit fixer la plaque et reprendre l'encre en trois ou quatre minutes au plus; tarder davantage serait s'exposer à être obligé d'humecter la couche de nouveau. En fixant la planche, on fera bien de la placer de manière à ce que les parties de l'image qui doivent être le plus chargées de noir se trouvent vers l'opérateur ou à sa droite; car, malgré toute l'attention possible, c'est sur ces deux parties qu'instinctivement l'on appuie le plus.

En levant le rouleau dès que, par quelques tours qu'on lui aura fait faire sur la table à décharger, on aura rétabli l'adhérence de l'encre, on le roulera sur la plaque, d'abord de bas en haut et inversement, puis, de gauche à droite et inversement aussi, en inclinant diagonalement ; on continuera ainsi jusqu'à ce que l'image apparaisse distinctement avec tous ses détails; elle doit paraître sur le fond rose du cuivre à peu de chose près telle qu'elle sera sur le papier. On doit, pour commencer, appuyer assez fortement pour continuer le mouvement avec plus de légèreté. En appuyant fortement, l'encre se dépose en quantité ; le mouvement plus léger permet, au contraire, d'enlever l'excès d'encre ; pour bien faire, on doit donc continuer l'action du rouleau, — très légèrement, — jusqu'à ce que l'on voie tous les blancs débarrassés de la légère couche de noir qui aurait pu s'y attacher.

Si après avoir bien encré la planche, comme nous venons de l'indiquer, l'image n'apparaissait pas dans de bonnes conditions, ou si même les deux ou trois premières épreuves n'étaient pas très bonnes, on ne s'en effrayera pas, car il est rare qu'il en soit autrement, on n'aura qu'à continuer ; les suivantes, si la plaque est dans de bonnes conditions, seront bonnes. S'il arrivait cependant que l'encre ne prît pas bien, même après quelques encrages répétés, on l'enlèverait à l'essence. Le nettoyage à l'essence se fait de la manière suivante.

On prend un peu d'essence de térébenthine et d'eau avec l'éponge réservée à cet usage, et l'on en frictionne la plaque ; l'encre s'enlève immédiatement des parties où elle était retenue ; avec un linge spécial, on enlève ce mélange ; on mouille la couche avec de l'eau propre pour essuyer complètement avec un linge souple, très propre également ; la plaque est prête à être encrée de nouveau ; par ce moyen l'image reparaît beaucoup plus fine et plus vigoureuse ; ce petit tour de main réussit très bien pour les couches qui ont été un peu surexposées. Si l'image s'empâtait, il suffirait d'employer la même recette, et, en encrant de nouveau, on tâcherait d'éviter la cause qui aura amené l'empâtement en distribuant le noir en moins grande quantité.

En lithographie, on n'emploie ce moyen qu'avec beaucoup de circonspection; nos plaques gélatinées n'ont pas à en souffrir; nous n'hésitons donc pas à conseiller de s'en servir chaque fois que cela sera nécessaire.

La planche étant encrée à ce point, on pose le papier, le côté glacé sur l'encre, les doubles de papier et le bristol par-dessus, et l'on donne la pression.

Il est inutile d'humecter la planche après chaque épreuve, comme cela se fait pour la pierre lithographique; on tirera jusqu'à cinq et six épreuves sans cela. Nous le répétons, il faudra, au cours du tirage, humecter légèrement la couche et non la mouiller; par conséquent, on trempera l'éponge dans l'eau en la serrant fortement dans la main, on en exprimera l'eau autant que possible; dans cet état, on peut se servir de l'éponge une dizaine de fois sans la mouiller de nouveau. Chaque fois que l'on aura humecté la couche, on l'essuiera vivement avec le linge passé légèrement en tous sens; l'essuyage n'est pas nécessaire si l'on arrive à humecter la plaque sans laisser aucune trace.

Le lithographe mouille les papiers dont il se sert pour imprimer, ces papiers sont sans colle; ceux dont il faut se servir ici sont au contraire employés à sec et doivent être encollés, le papier Rives fait très bien; si l'on veut obtenir de très belles épreuves, avec des noirs bien vigoureux, on se servira de papier porcelaine mat.

Lorsque les épreuves tirées sur ce dernier papier sont sèches, on peut, pour leur donner un certain brillant, les frotter avec un petit tampon de mousseline fine et un peu de talc en poudre; ces épreuves alors sont d'un très bel effet.

Dans le cas où l'on voudrait obtenir des épreuves à teintes imitant celles des photographies, il n'y aurait qu'à mélanger au noir, soit du carmin, soit du bleu, selon la teinte qu'on voudrait obtenir ; s'il était nécessaire d'imiter encore plus complètement les épreuves aux sels d'argent, on n'aurait qu'à faire gélatiner les épreuves une fois sèches. Nous indiquons ces moyens, quoique nous croyons qu'il soit préférable de chercher plutôt à imiter les belles gravures.

Ici se termine l'impression. Avant d'indiquer dans le Chapitre suivant les soins à prendre et les moyens à employer pour éviter les insuccès, nous répétons à nouveau : chacun doit, au bout de peu de jours, pouvoir imprimer nos planches; ceux qui, à nos indications, pourront joindre les conseils pratiques d'un bon ouvrier lithographe, seront certainement sûrs d'arriver à d'excellents résultats, car, malgré le soin que nous mettons à bien indiquer chaque petit tour de main, il est certain que pour celui qui n'a jamais imprimé les avis d'un praticien vaudront mieux que toutes les explications.

CHAPITRE III.

Des soins et des insuccès.

La propreté est indispensable, c'est une des conditions essentielles du procédé, comme du reste pour tous les procédés concernant la Photographie ; il est donc très important de bien veiller à ce que tous les objets dont on se servira soient constamment tenus dans un grand état de propreté. Cette recommandation s'applique également à la partie photographique et à l'impression.

Chaque objet doit avoir une destination spéciale, qui, sous aucun prétexte, ne doit être changée. La poussière surtout est le fléau de ces procédés ; il en est de même pour la lithographie.

Nous n'avons pas la prétention d'indiquer tous les accidents qui peuvent arriver, mais on suppléera facilement à ce que nous ne disons pas, en se souvenant que toute précaution en faveur de la propreté est une chance de réussite de plus. Voici les précautions qu'il faut prendre pour éviter les mécomptes :

Le noir d'impression ne doit contenir aucune matière étrangère ; par conséquent, il faut tenir la main à ce que la boîte qui le renferme soit toujours fermée, ainsi que celle au vernis ; la table au noir ne doit jamais être exposée à la poussière, qui s'y attache facilement ; si pendant le travail, il y tombait une impureté quelconque, il faudrait l'enlever immédiatement. Quand, dans la journée, on aura à interrompre le travail, il sera bon de couvrir la table au noir, qu'il faudra, tous les soirs, dégarnir de l'encre qui ne pourrait servir le lendemain ; il faut donc autant que possible n'en mettre, chaque fois, que la quantité que l'on croira pouvoir employer.

Les rouleaux ont besoin d'être particulièrement soignés, c'est de là que proviennent beaucoup d'insuccès ; ils doivent être toujours tenus comme la table au noir, et peut-être plus que celle-ci, à l'abri de toute matière étrangère ; tout corps dur doit en être immédiatement enlevé, car, porté sur les planches, il s'y incruste, en faisant un trou ; ces sortes d'accidents sont presque irréparables. Pour dégarnir les rouleaux, on tient de la main gauche une des poignées en appuyant l'autre sur la table, on enlève l'encre à l'aide du couteau dépourvu de tranchant, que l'on passe de bas en haut, en ayant soin de biaiser légèrement la lame, pour ne pas endommager la peau qui recouvre le rouleau. Si l'on pense ne pas avoir à se servir des rouleaux pendant quelque temps, il est bon de les enduire de suif, qui conserve au cuir toute sa souplesse ; il suffira, quand on voudra s'en servir de nouveau, d'enlever le corps gras avec le couteau ou en passant le rouleau à l'essence.

Comme nous l'avons dit plus haut, on doit avoir trois petits bols, qui contiennent, l'un de l'eau, les deux autres chacun une éponge ; comme il ne faut pas se tromper en employant mal à propos une de ces éponges pour l'autre, on fera bien de prendre ces petits vases de formes différentes, les erreurs seront moins faciles.

Les linges dont nous devons nous servir pour essuyer doivent toujours être excessivement propres ; on aura bien soin de les changer au fur et à mesure qu'ils se saliront ; ceux cependant qui servent à essuyer l'essence pourront servir quelque temps quoique sales.

La presse, cela va sans dire, doit toujours être très soignée, parce qu'elle coûte relativement cher, et qu'étant mal soignée, elle peut s'avarier, qu'ensuite, les souillures atteindraient bien vite les épreuves elles-mêmes. Les papiers et le bristol qui servent à la pression et font office de maculatures doivent toujours être propres ; on les changera s'ils viennent à être salis ; on aura grand soin, chaque fois qu'on les placera sur la planche pour imprimer, que les traces qu'y laisse la pression ne puissent se trouver sur l'image, elles y marqueraient ; s'il était possible de fixer les maculatures, de façon à ce qu'elles reviennent toujours aux mêmes endroits, cela éviterait ces accidents fâcheux. On évitera avec le plus d'attention qu'il se pourra les plis du papier qui doit recevoir l'épreuve, ainsi que ceux qui pourraient se produire dans les maculatures ; un pli, dans ces conditions, la pression étant donnée, causerait la perte sans remède de la planche, dont il aurait à coup sûr fendu la couche.

Nous avons dit déjà qu'un corps dur porté sur la couche pendant l'impression y faisait un trou ; le même accident se produit si, en étendant la solution de gélatine bichromatée sur la plaque, on n'a pas la précaution d'en éliminer toutes les bulles d'air ; à la pression, si petits qu'ils soient, ces globules d'air crèvent et forment autant de trous, qui non seulement font tache, mais qui peuvent entraîner la perte de toute la couche, en permettant à l'eau d'y pénétrer.

Chaque fois qu'on aura terminé le travail de la journée, on devra dégarnir la planche, et l'essence étant enlevée, la mouiller avec de l'eau mélangée d'un peu d'éther, qu'il faut essuyer de suite ; pour recommencer le lendemain, il n'y a qu'à laisser tremper dans l'eau propre, et l'encre reprend parfaitement.

CHAPITRE IV.

Des Reports phototypiques.

Au Chapitre relatif au retournement des clichés, que nécessitent nos procédés, nous avons dit que nous indiquerions un moyen d'éviter cet ennui.

Ce moyen appartient encore aux procédés phototypiques, le voici :

On prend du bon papier de report, ou mieux encore du papier de Chine non encollé, que l'on pose, *légèrement humecté* par l'envers, sur une glace préalablement mise de niveau ; sur ce papier on verse alors une solution de gomme bichromatée préparée de la manière suivante :

Dans un flacon, mettre de la gomme arabique blanche jusqu'aux deux tiers du vase, et remplir avec de l'eau distillée. Dans un second flacon, faire une dissolution de bichromate à saturation. Au moment de s'en servir, on mélange 100^{cc} de la solution de gomme avec 50^{cc} de celle de bichromate, et l'on filtre à travers une flanelle. Ce liquide, quoique sirupeux, doit cependant s'étendre assez facilement sur le papier humecté ; si l'on éprouvait quelque difficulté, on pourrait étendre la solution avec une petite éponge fine ou un blaireau.

La couche sensible étendue ne doit pas être d'une épaisseur trop apparente; il faut toujours bien éviter les bulles d'air ainsi que la poussière. La solution étendue sans accident, on laissera sécher la feuille mixtionnée dans un endroit chauffé à 45°; on peut, pour que le papier sèche sans se recroqueviller, le fixer par les quatre coins.

On impressionne au châssis-presse ordinaire, et comme ici on peut suivre l'impression, en regardant l'image à mesure qu'elle vient, il est facile d'éviter les erreurs fréquentes, que l'on a avec les plaques de cuivre; premier avantage. Il est inutile de dire que l'impression se fait au travers d'un négatif ordinaire, ancien ou nouveau et sans retournement d'aucune sorte. Le temps d'exposition nécessaire est à peu près du tiers de celui que nous avons indiqué pour les couches sur plaque.

L'impression terminée, le châssis est reporté dans la chambre obscure, où l'épreuve est appliquée, face en dessous, sur une surface plane, recouverte de quelques doubles de papier excessivement propre; avec une éponge humide, on en humectera alors l'envers.

Il est important de ne pas mouiller; il faut seulement communiquer une certaine moiteur à la feuille. Nous insistons sur ce point, car les transports sont généralement difficiles à bien réussir, si l'on ne se rend pas maître de tous les petits tours de main, qui en assurent toujours le succès, quand on les connaît.

Si toutefois on avait mouillé plus qu'il ne faut, on attendrait que l'excès d'eau soit évaporé, avant de commencer le report sur la pierre.

Le papier étant dans l'état convenable, on fera le report, en prenant toutes les précautions usitées en pareil cas; comme nous décrirons dans le Chapitre suivant la méthode complète du report, nous y renvoyons le lecteur, ne décrivant ici que ce qui s'éloigne des manières employées par les lithographes et propres seulement à la Phototypie.

Dès que l'image est sur la pierre, on laissera celle-ci au repos et toujours, cela va sans dire, à l'abri de la lumière. Si la pièce où l'on opère est un peu chauffée, la couche doit avoir fait prise avec la pierre, au bout d'une heure; s'il en est ainsi, on prendra un rouleau garni d'encre de report, additionnée de vernis faible avec lequel on encrera complètement toute la surface; l'encre prendra partout si la couche est sèche, c'est ce qu'il faut: prenant alors la pierre par le haut, on la plongera dans un baquet d'eau acidulée avec de l'acide nitrique à 1 pour 100. L'immersion doit se faire d'un seul coup, sans temps d'arrêt, et ne doit durer qu'une seconde ou deux au plus; replaçant alors la pierre sur la table, telle que, mouillée, on procède au développement de l'image.

La couche imbibée d'eau va céder maintenant partout où la lumière ne l'a pas rendue insoluble; pour arriver à ce résultat, on prend un second rouleau chargé d'encre (un rouleau dur et qui ne devra servir qu'à cet usage), avec lequel on passera, très délicatement d'abord, sur toute la surface de la pierre. En vertu de l'affinité que possède un corps gras pour un autre corps gras, l'encre qui couvre toutes les parties non insolées s'attachera au rouleau, et l'on verra presque instantanément l'image apparaître dans toutes ses parties ; on continuera l'action du rouleau jusqu'au moment où l'image sera satisfaisante ; ce point atteint, on laisse encore la pierre en repos pendant une demi-heure. Au bout de ce temps, on mettra toute la pierre à tremper dans de l'eau propre, où on la laissera jusqu'à ce que tout le bichromate en liberté soit complètement éliminé, et on la laissera définitivement sécher ; cette dernière opération du lavage doit être faite très rapidement.

Toutes ces opérations terminées, le lendemain on pourra procéder à la retouche de la pierre si cela est nécessaire ; en tous cas, retouchée ou non, avant de procéder au tirage, on devra l'aciduler et la gommer comme cela se fait pour toutes les pierres lithographiques ainsi qu'on le verra plus loin.

Par cette méthode on évite le retournement du cliché.

On peut juger du temps d'exposition à la lumière d'une manière certaine.

L'épreuve sur la pierre se retouche très aisément, et, dernier avantage, la pierre supporte un tirage de 1,000 à 2,000 exemplaires ; par suite de tous ces avantages, nous croyons devoir conseiller ce procédé, quoiqu'il soit plus difficile à pratiquer au premier abord.

CHAPITRE V.

Des Reports lithographiques.

Comme il peut arriver que l'on ait besoin de faire un report d'une épreuve de nos plaques phototypiques, soit pour pouvoir y faire des retouches, soit pour obtenir un grand tirage, nous allons décrire toutes les opérations nécessaires pour faire un report lithographique complet.

Les pierres destinées au report doivent être parfaitement effacées et poncées, sans raies, autant que possible. La négligence d'effaçage entraîne infailliblement la perte du report, par la difficulté de le nettoyer sans endommager le dessin. En hiver, il faut chauffer légèrement les pierres, en les plaçant dans une étuve légèrement chauffée ; cela doit se faire seulement au moment où tout est disposé pour le décalque, c'est-à-dire lorsque la pierre est calée, la pression réglée, la longueur de la course déterminée, enfin lorsqu'il n'y a plus qu'à disposer les épreuves à décalquer.

Pour prédisposer la pierre à bien prendre le décal

que, on peut la poncer à sec, et, de plus, quelques instants avant de faire le transport, y répandre de l'eau saturée d'alun que l'on essuie aussitôt. Il est important que le tirage des exemplaires destinés à être reportés soit précédé de la mise en train de la pierre-matrice par l'impression de quelques épreuves; on choisira la meilleure pour la reporter.

On se sert, pour tirer les épreuves sur la planche-matrice, de l'encre de report; on devra, après chaque fois, nettoyer la table et le rouleau; on ne mélange pas cette encre avec le vernis. On peut la rendre plus liquide en y ajoutant de l'essence de térébenthine. Après avoir lavé la planche à l'essence, pour la dégager de l'encre d'impression, l'encrage et l'impression se pratiquent comme l'impression ordinaire; on enlève l'épreuve avec précaution afin de ne pas la déchirer, et on la place dans le papier humide pour ne pas lui laisser perdre sa moiteur.

La pierre étant convenablement disposée sur la presse et dans de bonnes conditions de siccité, on mouille légèrement les épreuves par derrière, on les arrange sur la pierre, on les recouvre d'une bonne maculature et l'on donne une forte pression. Sans relever le châssis, on fait une seconde pression, mais en retournant le râteau, si l'on se sert de la presse lithographique. On relève le châssis; si la feuille est bien adhérente, on retourne la pierre, on remouille un peu le papier, on renouvelle les maculatures et l'on donne deux nouvelles pressions. Enfin, on mouille beaucoup pour détremper la préparation du papier;

et, si les pressions ont été suffisantes, si le papier a été mouillé à point, l'épreuve doit être sur la pierre.

Si les épreuves ont été tirées sur papier de Chine, au lieu de les mouiller, on se contente de leur communiquer de la moiteur, en les intercalant entre des feuilles de papier sans colle mouillées, et de les couvrir sur la pierre avec les mêmes maculatures.

Immédiatement après avoir enlevé le papier, on lave la pierre pour en faire disparaître la colle; c'est à ce moment, et lorsqu'elle est sèche, qu'on fait les retouches.

Puis on acidule et l'on gomme.

Dès que le décalque et les retouches sont terminés, la pierre doit subir, avant le tirage, une préparation qui fixe les encres de manière à pouvoir résister aux lavages réitérés de ce tirage, c'est l'acidulation et le gommage; cette opération a pour but :

1° D'enlever la poussière que le grainage et le polissage ont pu laisser sur la surface de la pierre;

2° De la décaper des parties graisseuses provenant du contact de corps gras, ces parties pouvant empêcher la pierre de recevoir complètement la mouillure;

3° D'assurer la pureté des traits en circonscrivant leur contour par un léger relief;

4° D'augmenter la porosité de la pierre afin d'en faciliter la mouillure;

5° Enfin, de rendre l'encre insoluble à l'eau, en lui enlevant par l'acide l'alcali, qui est une des bases de sa composition.

Voici la composition de la gomme acidifiée :

Eau commune	500cc
Acide nitrique	15
Gomme arabique	125gr

Cette préparation s'altère assez vite, on n'en préparera donc pas une grande quantité à la fois.

La pierre étant placée horizontalement sur une table, on étend le plus également possible la préparation, on frotte immédiatement avec la main par-dessus la gomme jusqu'à siccité. On peut aussi aciduler par ablution, en versant d'un seul jet l'eau gommée et acidulée sur la pierre ; dans ce cas, la solution de gomme acidulée doit être étendue de beaucoup d'eau, deux fois plus au moins. La pierre doit rester une demi-heure sous la gomme quand on l'a acidulée à la main ; — elle peut, en employant moins d'acide, y rester du jour au lendemain.

On procède alors à l'encrage en se servant de noir d'impression ordinaire, suffisamment additionné de vernis faible et nouvellement distribué sur le rouleau, qui n'en doit être que peu chargé pour ne pas alourdir trop vite le report.

Il ne faut pas s'effrayer de la teinte nuageuse, générale ou partielle, dont se couvre assez souvent la pierre au premier encrage, et qui cède presque toujours à l'action du vin blanc ou du vinaigre et d'un peu de gomme étendus sur la pierre avec une éponge.

CHAPITRE VI.

Des Retouches.

Il est inutile de prévenir qu'en général, il vaut mieux produire des épreuves assez belles pour n'avoir pas besoin de retouche; mais, comme il est des cas où elles seraient indispensables, nous donnons quelques instructions pour guider celui qui voudra en faire. Les épreuves aux encres grasses se retouchent au crayon lithographique ou à l'encre d'impression délayée dans de l'eau. S'il n'y a que des points blancs à boucher, on se sert d'un crayon très tendre; mais si l'on veut retoucher une épreuve, comme on le fait pour une photographie, il y a avantage à se servir de pinceau et d'encre. Si l'on confie ce travail à une personne habituée à faire de bonne retouche, on obtiendra, même avec des épreuves passables, d'excellents résultats; les blancs qui seraient un peu salis se nettoient avec le grattoir; on peut aussi les rehausser avec du blanc d'argent. Mais, nous le répétons, on fera bien de n'avoir recours à tous ces moyens que dans des cas exceptionnels, quand il s'agit des épreuves.

Nous avouons que nous préférons de beaucoup la retouche de la pierre à celle des épreuves ; nous l'avons déjà dit, nos couches sur cuivre, zinc, etc., ne se retouchent pas ; on doit, du reste, les produire assez bonnes, pour n'avoir pas à recourir à ce travail ; mais si l'on a besoin d'un grand nombre d'exemplaires, que l'on fasse un report d'après une planche photographique ou qu'on produise directement une épreuve sur pierre, d'après la méthode que nous avons indiquée, nous ne voyons pas pourquoi on ne retoucherait pas les pierres avant de les donner au tirage, comme le font les lithographes ; l'image gagnera des qualités qui lui manquent ou qu'elle a perdues par le transport, sans lui nuire autrement.

Mais ce travail ne devra être confié qu'à des personnes connaissant parfaitement le maniement du pinceau et de l'encre lithographique.

Si, cependant, un retoucheur de Photographie ou toute autre personne étrangère à la lithographie voulait s'adonner à la retouche des pierres lithographiques, nous leur conseillerons de profiter des renseignements que nous transcrivons plus bas, d'après les procédés Knecht. Il doit avoir :

1° Une collection de pinceaux ;

2° Un rouleau en caoutchouc de 0m,06 de largeur, mais sans couture ;

3° Six estompes, également en caoutchouc, de différents calibres, de 0m,001 à 0m,010 à chaque pointe ;

4° Deux petites pierres lithographiques très finement grainées, de 0m,15 sur 0m,20 ;

5º Une petite plaque de zinc pour y étaler l'encre, de 0m,15 à 0m,20;

6º Un flacon étiqueté I, contenant 30gr d'essence de térébenthine et 30gr d'essence de lavande;

7º Un autre flacon étiqueté II, contenant 100gr d'eau sur 30gr de gomme arabique en poudre fondue;

8º Un couteau à palette.

Pendant qu'on fera fabriquer la recette d'encre composée pour le lavis d'après Engelmann, dont nous donnons ci-après la formule (1), on pourra se servir d'une bonne encre grasse, que chaque imprimeur lithographe possède, et qui lui sert aux reports et pour la *conservation des pierres* mises en repos.

Nous la recommandons comme plus facile à employer que l'encre grasse.

Le petit rouleau (2) et les estompes se trouveront

(1) *Encre-lavis d'*ENGELMANN.

Cire jaune..............................	8 parties.
Suif..............................	3 »
Savon..............................	6 »
Gomme-laque..............................	6 »
Noir de fumée calciné..............................	2 »

Après la fonte et parfaite fusion de ces ingrédients, ajoutez:

Encre d'impression ordinaire....	8 parties.

(L'eau ne doit point délayer cette encre).

(2) Se vend chez les fabricants de rouleaux : mais il est généralement couvert d'une peau cousue. Cette couture marquera soit en noir, soit en blanc, sur le lavis; pour éviter ce défaut, il faudra garnir le rouleau de caoutchouc, ou en acheter un en gélatine (composition de colle de Flandre et de mélasse), dont on se sert en typographie. Cependant le caoutchouc est encore préférable.

chez un des nombreux fabricants de caoutchouc vulcanisé, où ils se confectionnent sans difficulté.

Pendant la chaleur, on plongerait l'instrument en caoutchouc dans l'eau fraîche s'il était trop mou, pendant l'hiver, dans l'eau très chaude s'il était trop dur.

Il faut que l'instrument dont on veut faire usage soit doux, mais ni trop mollasse, ni trop sec.

Après cette recommandation, nous allons passer à la pratique.

Prenez avec le couteau à palette un peu d'encre grasse, mettez sur la plaque de zinc, versez dessus un peu du flacon I et délayez l'encre pour la rendre fluide; passez-y le rouleau, et lorsqu'il sera chargé et que le mélange du flacon I sera un peu évaporé, essayez de passer le rouleau sur une des deux pierres grainées : vous devez produire une couche très légère, unie et serrée comme un lavis (1). Il est à supposer que vous aurez essayé sur une partie de la petite pierre, et si le résultat n'est pas satisfaisant la première fois, il faudra recommencer jusqu'à ce que vous ayiez obtenu une couche très légère et très égale.

Si la première pierre était remplie, lavez l'encre avec de l'essence pure, essuyez fortement, passez ensuite un peu d'eau de soude ou de potasse sur la pierre, laissez sécher et recommencez jusqu'à ce que

(1) L'encre d'Engelmann se façonne en bâton qu'on délaie en la frottant dans une assiette avec un peu du mélange du flacon I.

vous obteniez une couche uniforme et légère, ce qui ne doit pas manquer si le rouleau est bien fait, l'encre bien divisée, et que la main s'habitue à passer avec égalité et une certaine adresse le rouleau sur la pierre pour y déposer un léger duvet d'encre.

Lorsque la personne aura réussi à couvrir la pierre avec égalité, il faudra essayer les estompes.

On chargera le petit rouleau d'encre grasse, on appliquera l'estompe sur le rouleau pour qu'il prenne l'encre, puis on tamponnera sur une feuille de papier blanc pour examiner la valeur du lavis qu'il y aura déposé. On comprendra que l'estompe, dont la pointe n'a que 0^{m},001 de circonférence, ne peut guère déposer qu'une petite quantité de noir sur les aspérités de la pierre; mais cette quantité suffira pour donner un peu d'ombre au-dessous de l'œil, au milieu du front, du nez, etc.

Après avoir essayé de cette manière les six estompes d'un bout seulement, bien entendu, puisque l'autre peut servir à enlever quelques taches d'encre, on porte cette quantité d'encre sur le lavis qui couvre la pierre, en formant des ronds.

C'est encore un petit apprentissage à faire que de déposer légèrement l'encre dont le petit tampon d'estompe est chargé sur l'encre qui forme le lavis. Cela est cependant beaucoup moins difficile que l'opération de couvrir une certaine étendue de lavis avec égalité, avec un petit rouleau moins large que la pierre.

Arrivons à une troisième opération, celle de

couvrir une petite partie du lavis d'une couche du flacon II, étalée avec un fin petit blaireau, le plus mince possible, pour que la gomme sèche promptement.

Lorsqu'on peut y passer le doigt pour s'en assurer, on charge le petit rouleau d'encre nouvelle, qu'on aura rendue plus épaisse en y mettant moins du flacon I, puis on dépose cette encre, à l'aide du rouleau, sur toute la pierre non gommée; on couvre une autre partie du flacon II, puis on prendra de nouvelle encre pour une troisième, et ensuite pour une quatrième et dernière couche du lavis, les unes sur les autres. Alors on pourra produire tous les effets désirables par les quatre couches.

Si l'on avait l'imprudence de laisser trop du flacon I *dans l'encre*, ou d'appuyer trop fortement sur la pierre, de promener trop longtemps le rouleau, on manquerait l'effet. Les opérations ayant pour but d'augmenter la valeur du lavis doivent se faire assez promptement, et avec les précautions de laisser sécher la troisième couche avant d'y déposer la quatrième et d'avoir sur le rouleau la quantité d'encre voulue. sans quoi on enlèverait les couches dejà mises.

Après avoir acquis assez d'habitude dans les opérations précitées, il en reste encore quelques-unes à détailler pour compléter le travail.

On prendra la seconde pierre et l'on tracera un sujet quelconque à la mine de plomb, à la sanguine, etc.

Si l'on a pas l'encre à lavis indiquée, on délaiera

un peu d'encre grasse avec le liquide du flacon I, et, à l'aide d'un pinceau fin, on tracera les contours avec cette encre grasse. Si c'est une figure ou s'il y a du linge, on dessine, avec un autre pinceau trempé dans le flacon II, le blanc de l'œil, les contours du linge, et généralement tout ce qui doit rester blanc.

Aussitôt que le tracé en noir et en blanc sera séché, on passe sur le tout le rouleau chargé d'encre, ainsi que les estompes s'il y a lieu. On peut répéter ces opérations trois ou quatre fois sur les parties chargées, et finalement on aura encore la ressource de donner, *par-dessus la quatrième couche du lavis*, des coups de force au pinceau et des lumières, en enlevant avec un canif ou un grattoir tout ce qui est lumière.

Après ce dernier essai réussi, on peut attaquer le report d'une photographie sur pierre rendue sensible. On peut aussi retoucher les pierres à l'aide du crayon lithographique, mais la méthode que nous venons de décrire est préférable, en ce sens qu'elle permet de dissimuler complètement la retouche.

CHAPITRE VII.

Des divers objets nécessaires.

Nous pensons être agréable à nos lecteurs en faisant ici un résumé de tous les objets nécessaires à la pratique complète du procédé que nous venons de décrire; le commençant, il est inutile de le dire, n'aura pas besoin de tous ces objets, il n'aura qu'à choisir ceux qui sont indispensables.

Plaques de cuivre.
» de zinc.
Pierres lithographiques grainées et poncées.
Sable tamisé.
Pierre ponce en poudre.
» en morceaux.
Molette à poncer.
Niveau d'eau.
Table au noir.
Raclette.
Rouleaux.
Manchons.

Photomètre Vidal.
Encre d'impression noire ou de couleur.
Crayons lithographiques.
Vis calantes.
Vernis lithographique.
Papier à report.
» de Chine.
» pelure encollé.
» à imprimer ordinaire.
» » porcelaine mat.
» » à intercaler.
Presse spéciale.
» lithographique.
Cuvette en zinc.
Éponges.

PRODUITS SPÉCIAUX.

Acide nitrique.
» acétique.
Éther sulfurique.
Essence de térébenthine.
Colle de poisson pure.
Gélatine préparée et purifiée.
Bichromate de potasse.
» d'ammoniaque.
Ammoniaque liquide.
Gomme arabique.

FORMATS DE PAPIER.

Nous donnons ici les diverses grandeurs de papier usitées dans le commerce, ainsi que la dénomination des divers formats employés pour l'impression.

Grand-Monde	1^{m}.16	sur	0^{m},85
Grand-Aigle	1^{m}.03	»	0^{m},68
Colombier	0^{m},86	»	0^{m},63
Jésus	0^{m},70	»	0^{m},55
Raisin	0^{m},64	»	0^{m},49
Cavalier	0^{m}.60	»	0^{m},46
Carré	0^{m},56	»	0^{m},45
Coquille	0^{m},54	»	0^{m}.41
Ecu	0^{m}.52	»	0^{m},40
Couronne	0^{m},46	»	0^{m},36
Tellière	0^{m},43	»	0^{m},33
Pot	0^{m}.39	»	0^{m},31
Cloche	0^{m},39	»	0^{m}.29

In-plano	la feuille entière		
In-folio	»	divisée	en deux.
In-quarto	»	»	en quatre.
In-six	»	»	en six.
In-octavo	»	»	en huit.
In-douze	»	»	en douze.
In-seize	»	»	en seize.
In-dix-huit	»	»	en dix-huit.
In-vingt-quatre	»	»	en vingt-quatre.

TROISIÈME PARTIE.

PROCÉDÉ WOODBURY.

Ce procédé est, de tous les procédés photographiques d'impression, celui qui fournit les plus beaux résultats.

Le principe sur lequel repose cette nouvelle méthode d'impression est le suivant : Les couches de toutes matières demi-transparentes produisent, suivant leurs différents degrés d'épaisseur, différents effets d'ombre et de lumière. Par suite, si l'on a un moule en creux produit par l'action de la lumière sur la gélatine bichromatée et si l'on remplit avec une matière demi-transparente le creux ainsi obtenu, on obtient un deuxième moule dans lequel les parties qui ont la plus grande épaisseur prennent une teinte foncée, tandis que les parties les plus minces correspondent à des parties de plus en plus blanches.

Si, dans le moule en creux, on verse un mélange de gélatine et de matière colorante, si ensuite on applique sur ce mélange gélatineux une feuille de papier, et si enfin on presse entre deux rouleaux, parfaitement dressés, l'excès de matière colorante se trouve complètement chassé; la gélatine, une fois prise, adhère au papier; lorsqu'ensuite on arrache le tout, le moule reste parfaitement sec.

Production du relief en gélatine : Dissolvez 125gr de gélatine dans 600cc d'eau, clarifiez avec un blanc d'œuf et filtrez. A 125cc de cette solution ajoutez 4gr de bichromate d'ammoniaque préalablement dissous dans 16gr d'eau chaude, colorée par le bleu de Prusse, afin de pouvoir plus tard juger du relief de la couche.

Cette gélatine est versée à chaud sur des feuilles de talc ou de mica fixées sur une glace, ou simplement sur une glace revêtue de collodion épais à l'huile de ricin. Lorsque la gélatine a fait prise, on la laisse sécher dans l'obscurité et l'on détache du verre avec le talc ou le collodion.

La couche de gélatine est placée dans le châssis-presse derrière le négatif, la couche de talc ou de collodion étant en contact avec le négatif. On expose à la lumière et l'on développe à l'eau chaude, comme dans le procédé au charbon. Après dessiccation, on a donc une image en relief du négatif.

La pellicule en relief de gélatine est pressée entre une plaque d'acier et une plaque de métal mou (plomb et antimoine), celle-ci se trouvant en contact avec les reliefs de la gélatine. Il faut une pression de 500kg par centimètre carré de surface.

Pour faire de grands moules, il faut donc recourir

à des presses hydrauliques puissantes. M. Kurbutt, à Philadelphie, peut faire des surfaces de 0m,40 sur 0m,50. Le reproche que l'on faisait à M. Woodbury de ne pouvoir produire que de petites épreuves n'est pas fondé.

La pellicule de gélatine résiste parfaitement à cette pression. Mais le moule en métal mou cède et prend en creux tous les reliefs de la gélatine.

Impression.

Le moule, légèrement graissé, est placé sur le plateau d'une presse analogue à une presse à lettres à levier. On verse au milieu de ce moule une gélatine colorée tiède, on passe au-dessus une feuille de papier bien satinée, on abaisse le plateau supérieur de la presse.

La presse chasse l'excès de gélatine colorée, celle-ci se case dans les creux du moule. L'on attend alors quelques instants pour que la gélatine se solidifie en se refroidissant. La presse est ouverte, la feuille de papier revêtue du relief de gélatine colorée est enlevée et immergée dans l'alun, puis satinée.

Ce dernier satinage *écrasant* les reliefs de l'image, celle-ci perd un peu de sa netteté. C'est le seul reproche que l'on puisse faire à la belle invention de M. Woodbury.

Ce procédé a encore l'immense avantage de permettre l'impression sur verre, sur bois, sur métal, et par suite de la transparence de l'encre dont on se sert, il devient très pratique pour faire des épreuves sur papier qui aurait reçu des teintes plates préalables, de diverses couleurs.

PROCÉDÉ MONCKHOVEN [1].

Outre le défaut que M. Van Monckhoven reconnaît au procédé de M. Woodbury, que nous venons de décrire, c'est-à-dire le manque de netteté, qui provient de l'applatissement de l'épreuve lorsqu'elle est cylindrée, — ce qui est indispensable, — ce procédé dans la pratique en a d'autres.

On conçoit facilement que la plaque de gélatine bichromatée ayant été séchée sur une surface plane, aura subi une certaine extension, qu'elle perdra par les différentes manipulations qu'elle subit ensuite en passant à différentes reprises dans l'eau chaude sans le support rigide, sur lequel elle a été préalablement étendue; par conséquent, il est impossible qu'elle n'ait pas subi un mouvement de retrait lorsqu'elle est terminée; sans parler de la distorsion, si minime qu'elle soit, qui doit être la suite d'un applatissement de 500^{kg} par centimètre carré de surface.

Ce procédé ne peut donc pas être employé pour la

[1] MONCKHOVEN (Dr VAN). — *Traité général de Photographie*, suivi d'un Chapitre spécial sur le *gélatinobromure d'argent*. 7e édition, nouveau tirage. Grand in-8, avec planches et figures intercalées dans le texte; 1884. (Paris, Gauthier-Villars).

reproduction d'épreuves exigeant une grande exactitude dans les lignes, telles par exemple que les cartes géographiques.

Défaut très grave aussi : l'installation d'une machine hydraulique est une dépense de 5,000 à 8,000 francs, ce qui limitera un peu l'exploitation du procédé, et ce prix serait encore beaucoup plus exagéré si l'on cherchait à produire des épreuves de grandes dimensions. Pour terminer toutes les critiques que motive ce procédé, disons que la couche qui forme les épreuves est de la gélatine additionnée d'encre de Chine et d'autres matières colorantes du même genre, et qu'il n'est pas encore prouvé que ces épreuves soient aussi solides que celles tirées à la presse avec les encres d'impression.

PROCÉDÉ EDWARDS.

Sur une glace épaisse dépolie, enduite d'un peu de cire, étendre la solution de gélatine ci-dessous :

Eau....................................	100cc
Gélatine blanche..........................	25gr
Bichromate de potasse.....................	4

Après dissolution, on filtre sur une flanelle.

On en versera environ l'épaisseur de 0m,005 ; on mettra à sécher dans une pièce chauffée par le calorifère à air chaud, condition essentielle pour activer la dessiccation de la lame gélatinée qui, amenée à l'état sec, devra présenter l'épaisseur de 0m,001 environ. On la détache du verre avant de l'employer, la surface préalablement adhérente au verre étant celle qui devra être appliquée au cliché durant l'exposition.

M. Léon Vidal trouve cette méthode de préparation longue et difficile, et pense qu'en adoptant la marche suivie pour la fabrication des papiers mixtionnés, en ne les colorant pas et en observant une différence d'épaisseur dans la couche, on arriverait sûrement et plus vite à un bon résultat.

L'opérateur muni de feuilles gélatinées, qu'il trouverait toutes faites, n'aurait plus qu'à les sensibiliser et à les transporter, par adhérence, contre une plaque de zinc après insolation. Le développement normal laisserait sur le zinc l'image gélatinée toute prête.

Exposition à la lumière.

La lame gélatino-bichromatée étant bien sèche est exposée sous un cliché dans le châssis-presse, à la lumière diffuse, le temps convenable. La lame de gélatine impressionnée présente une image peu visible; mais l'effet produit est celui-ci : La lumière qui a plus ou moins, çà et là, traversé le cliché, a formé un dessin qui a pour propriété de repousser l'eau. On verra plus loin que cette action chimique, produite par la lumière sur la gélatine bichromatée, est mise à profit pour l'encrage de la plaque au moment du tirage; on solidifie avec l'alun.

Application de la lame de gélatine sur la plaque.

Le zinc, de l'épaisseur de $0^m,002$ environ, doit être plané et grainé.

La lame de gélatine impressionnée, mais dont l'image est à peine visible, étant plongée dans l'eau s'y ramollit et devient agglutinative ; en cet état, elle est appliquée, le côté impressionné en dessus, sur la plaque de zinc, et l'excès d'eau étant chassé avec la racle en caoutchouc, il y a attraction entre les deux corps, adhérence parfaite par le fait même de la pression atmosphérique et absorption de l'eau ; mais, recommandation importante, bien observer qu'il ne reste pas de bulles d'air interposées. Pour cela, rien ne réussit mieux que d'appliquer l'un contre l'autre la gélatine et le zinc pendant qu'ils sont sous l'eau, les retirer, les placer sur le bord de la cuvette et immédiatement agir avec la racle, comme il est dit plus haut. Cela fait, on remet le tout dans l'eau, le temps nécessaire à la dissolution du bichromate de potasse, qu'il faut éliminer, afin de prévenir toute action ultérieure de la lumière sur la gélatine bichromatée, et alors la plaque est, si nous pouvons nous exprimer ainsi, polytypée par la lumière, prête pour l'impression sous la presse, après toutefois avoir obtenu la dessiccation.

Encrage de la forme.

Avec une éponge imbibée d'eau, mouiller la forme, enlever l'excès de cette eau avec la racle en caoutchouc et encrer de la façon suivante :

Avec une spatule, prendre de l'encre (de typographie), mise en provision sur l'angle du marbre disposé à cet usage, en mettre sur plusieurs endroits du rouleau, promener celui-ci, en le faisant tourner, sur le marbre de façon à y étendre l'encre.

Enfin, le rouleau se trouvant garni d'une couche régulière et égale d'encre grasse, on procède à l'encrage du dessin, en promenant le rouleau à sa surface pour y distribuer partout une couche régulière de noir ou de toute autre couleur au vernis, autrement dit : encre d'impression.

Une seconde et semblable opération, moins le mouillage, se répète avec de l'encre plus faible ; pour ce second encrage, la couleur sépia produit un très bon effet.

Les parties du cliché gélatiné non atteintes par la lumière restent hygrométriques, tandis que les parties insolubilisées repoussent l'eau, c'est ce qui explique que le rouleau encreur étant passé sur le dessin dépose de l'encre là seulement où il n'y a pas d'eau et glisse sans rien déposer sur les parties mouillées. La planche se trouve prête pour l'impression.

Impression par la presse typographique.

On passe du buvard sur la plaque pour enlever l'eau qui reste encore et qui pourrait nuire à la netteté du dessin.

Après avoir couvert les marges du dessin polytypé avec une cache en papier, convenablement découpée, pour préserver cette marge, on pose dessus le papier destiné au tirage, on le recouvre d'un feutre épais, on fait glisser le tout sous la presse et l'on donne la pression.

Par un mouvement inverse, on fait rétrograder la forme, on retire le feutre, on peut alors enlever le papier, il est revêtu d'un dessin dont la marge est restée blanche et pure. La cache est également enlevée, afin de servir de nouveau à l'opération suivante.

Ce procédé, ainsi que tous ceux dont l'impression se fait aux encres grasses, nous paraît de beaucoup préférable au précédent, quoique celui-ci ait encore un défaut à nos yeux, celui de subir un transport ; selon nous, on n'obtient réellement de résultat certain, comme exactitude, qu'à la condition de faire toutes les opérations sur un seul et unique subjectile.

ALBERTYPIE.

Ce procédé est au fond identique à celui de M. Poitevin. Il en diffère toutefois par plusieurs perfectionnements, en apparence de peu de valeur, mais qui sont considérables, au point de vue pratique.

Une glace, finement dépolie, est placée horizontalement, la surface dépolie en haut. Elle est recouverte d'une solution préparée de la manière suivante.

Gélatine	6gr
Eau distillée	300
Bichromate d'ammoniaque	5 à 6

La gélatine doit être préalablement placée, pendant une demi-heure, dans l'eau distillée froide, puis on chauffe le liquide à 40° centigrades, et l'on y ajoute le bichromate dissous dans un peu d'eau.

A ce liquide on ajoute 100cc d'albumine préalablement battue en neige et déposée. Quand le mélange est refroidi à 25° ou 30° centigrades, on le bat de nouveau fortement et on le filtre dans un endroit chaud.

Le liquide a une consistance sirupeuse, s'il est à une température convenable, on l'étend sur la glace dépolie, en couche plus ou moins épaisse, puis on laisse sécher la glace dans une grande boîte, formée de parois de toile tendue sur châssis. Sur la toile, on colle du papier buvard. L'intérieur de la boîte est maintenu, par un courant d'eau chaude, à la température de 30° centigrades.

Il est bien entendu que la dessiccation s'opère dans l'obscurité.

Quand, au bout de quelques heures, la couche de gélatine ne colle plus, on met la glace sur un drap noir, la gélatine en contact avec le drap, et on l'expose de cinq à dix minutes à la lumière du jour. La partie de la couche de gélatine, en contact immédiat avec la glace, est ainsi insolubilisée. La deuxième couche, dont nous parlerons tout à l'heure, ne peut atteindre le verre et est ainsi d'une beaucoup plus grande adhérence.

Ceci est un perfectionnement original et important, parce que l'humidité des rouleaux lithographiques ne peut venir adhérer au verre. De là, possibilité d'un tirage bien plus considérable que dans les procédés dans lesquels on n'emploie qu'une seule couche.

La plaque de verre est, à présent, rentrée dans une pièce faiblement éclairée, plongée une demi-heure dans l'eau froide et séchée dans une position verticale, à l'abri de la poussière. Cette opération n'est point indispensable.

La seconde phase du procédé consiste à couvrir la première couche de gélatine d'une seconde, dont voici la composition :

(A) Environ 20g de gélatine sont ramollis dans 125g d'eau distillée froide.

(*B*) Environ 4gr de colle de poisson divisée au marteau, sont ramollis dans 60gr d'eau froide.

Puis les liquides sont lentement chauffés jusqu'à dissolution de la gélatine, qui ne se fait jamais entièrement.

(*C*) Albumine battue en neige déposée et filtrée à travers un linge

(*D*) 10gr Bichromate de potasse sont dissous dans 60 Eau distillée, filtrée.

(*E*) 5 Lupuline, 3 Benjoin, 2 Baume de Tolu } sont digérés pendant douze heures dans

	Alcool aqueux (à 80° pèse-alcool Gay-Lussac)	100gr
(*F*)	Nitrate d'argent	1
	Eau distillée	30
(*G*)	Bromure de cadmium	2
	Iodure de cadmium	2
	Eau	30

De ces diverses solutions, on mélange d'abord A et B. Quand le liquide est refroidi à 35°, on y ajoute de

(*C*) environ	6gr
(*D*) »	36
(*E*) »	4
(*F*) »	1,5
(*G*) »	45

Il se produit un précipité dans le mélange, que l'on secoue fortement, puis que l'on filtre et que l'on reçoit dans un flacon maintenu à 35° centigrades.

L'auteur de cet Ouvrage conteste l'utilité des solutions F et G recommandées par M. Albert. Mais le point sur lequel il insiste tout particulièrement, c'est le choix de gélatine de bonne qualité.

Une solution de colle de poisson fraîche, naturelle, simplement additionnée de bichromate de potasse et d'albumine, suffit au lieu et place du mélange compliqué de M. Albert.

La glace, recouverte de gélatine insolée, qu'elle ait été lavée ou non à l'eau froide, est immergée dans l'eau tiède (40°) jusqu'à ce que l'eau coule en nappe continue à sa surface, puis égouttée une demi-heure dans une position verticale, et enfin recouverte de la gélatine bichromatée dont nous venons de donner les formules, et cela à plusieurs reprises.

La glace est maintenant placée dans une position horizontale dans l'armoire à parois de toile, armoire qui, nous l'avons déjà dit, doit être maintenue à 30°. La couche sèche est alors sensible à la lumière.

L'épaisseur de la deuxième couche doit varier de 0m,001 à 0m,003. De même que l'épaisseur de la première couche, elle doit varier selon l'intensité du négatif à copier. Les couches minces sont bonnes pour la reproduction de la gravure au trait, les couches épaisses pour les demi-teintes.

La glace sèche est appliquée dans le châssis-presse contre le négatif et insolée un quart-d'heure, et ce jusqu'à ce que toutes les nuances de l'image soient visibles à travers la glace, qu'on examine de temps à autre en ouvrant le châssis-presse.

Si le négatif n'a pas été préalablement renversé, les images fournies par la planche seront elles-mêmes renversées, ce qui, pour bien des images, n'offre point d'inconvénient.

A présent, la glace est plongée dans l'eau tiède et lavée jusqu'à disparition complète des dernières traces de chromate, et finalement séchée dans une position verticale.

On reconnait aisément, pendant ce dernier lavage, si la couche est surexposée ou exposée trop peu à la lumière. Dans le premier cas, le sel de chrome en excès ne se laisse point enlever par les lavages. Dans le second cas, la deuxième couche adhère mal à la première, ce que l'on reconnaîtra aisément, plus tard, pendant l'impression lithographique.

L'albumine que l'on ajoute à la gélatine donne à la couche un aspect dépoli et une consistance plus serrée, ce qui empêche la pénétration de la lumière pendant l'exposition de la couche derrière le négatif.

Avant de soumettre la couche à l'impression lithographique, on l'immerge pendant quatre à cinq minutes dans l'eau froide additionnée de glycérine, puis on passe à la surface une éponge mouillée et exprimée, pour la frotter avec un morceau de flanelle imbibée d'huile, et la repasser de nouveau à l'éponge mouillée. Alors on procède immédiatement à l'encrage.

La glace est ensuite soumise à l'impression au rouleau, dans la presse lithographique, et ceci est la partie la plus délicate et la plus difficile du procédé. Aussi faut-il un ouvrier habile, pour la faire convenablement. L'encrage est-il empâté, on enlève l'encre à la térébenthine avec une éponge.

La glace doit être assujettie avec soin, soit sur une couche en plâtre, soit sur une feuille de caoutchouc.

Quand la plaque est imprimée, il faut éviter de la laisser sécher complètement, sinon la gélatine pourrait s'enlever spontanément du verre. Le mieux est, après l'impression, de laver la couche à l'éponge, puis avec une seconde éponge imbibée d'eau.

PROCÉDÉ OBERNETTER.

M. Obernetter, de Munich, après avoir insolé la première couche, la recouvre de la seconde, comme dans l'Albertypie, et, après l'exposition à la lumière de la couche derrière le négatif, la recouvre de zinc en poudre impalpable. La glace est alors fortement chauffée à 200° centigrades.

Puis la plaque est soumise à la morsure de l'acide chlorhydrique étendu et lavé. De la sorte, ces parties de gélatine, qui sont recouvertes de poudre de zinc, se laissent plus ou moins mouiller par l'eau, tandis que les autres parties, auxquelles la poudre de zinc ne s'est pas attachée, sont aptes à recevoir l'encre grasse.

Comme résultat final on obtient un certain grain dans l'image, et de plus, les plaques peuvent subir un tirage bien plus considérable que celles de M. Albert.

Jusqu'à présent ce sont ces deux derniers procédés qui nous paraissent donner les meilleurs résultats, entre les mains de MM. Albert et Obernetter seulement, il est vrai, car de tous ceux qui les ont essayés, il en est bien peu qui aient produit d'aussi beaux résultats. Nous croyons que ces procédés n'ont jamais été connus complètement tels quels, et, deuxième cause d'insuccès, c'est que la partie la plus difficile à réussir est le tirage par la presse, qui demande à être fait dans des conditions toutes particulières. Néanmoins ces deux procédés, mais simplifiés, sont excellents.

IMPRESSION PHOTOGRAPHIQUE EN TAILLE-DOUCE.

Nous avons déjà dit, au commencement de ce Livre, que ne voulant indiquer que les procédés réellement pratiques, nous ne décririons que ceux connus sous les noms de Lithophotographie, Phototypie, etc., qui nous paraissent être, pour le moment, seuls dans les conditions de certitude voulue pour être pratiqués usuellement. Mais, étant de ceux qui ne croient aucun progrès impossible, nous ne saurions terminer ce Traité sans dire quelques mots des procédés ayant pour but la production, par la Photographie, de planches servant à l'impression en taille-douce, et des progrès réalisés dans cette voie.

Il est bien entendu que le mode de production du type est le même que celui des différents procédés précédemment décrits, c'est-à-dire que c'est toujours celui de M. Poitevin, ayant pour base la gélatine bichromatée.

Jusqu'à présent, tous les procédés de ce genre donnent les lignes, même celles d'une grande finesse, et sont excellents pour les reproductions de gravures et autres sujets de ce genre; celui de M. Baldus est, selon nous, le plus certain de cette catégorie.

Mais aucun n'a donné de bons résultats quant aux demi-teintes, cependant, dans ces derniers temps, M. Rousselon a produit les meilleures épreuves tirées en taille-douce, et c'est son procédé qui parait devoir réaliser le progrès le plus accusé dans ce genre.

Nous avons indiqué déjà la théorie de la taille-douce, mais avant de décrire les principes connus des procédés de MM. Baldus et Rousselon, nous allons sommairement y revenir, pour indiquer les différents obstacles qu'il s'agissait de vaincre pour arriver à produire photographiquement les planches propres à ce genre d'impression.

La gravure en taille-douce se fait ordinairement sur acier ou sur cuivre; le premier métal est le meilleur comme durée, mais on lui préfère aujourd'hui le second, qui est moins coûteux et se travaille plus facilement; le défaut capital du cuivre était de s'user trop vite à la presse, mais, depuis que l'on peut aciérer les planches, celles en cuivre donnent le même nombre d'exemplaires que celles en acier et sont.

par conséquent, employées de préférence. Comme nous l'avons déjà dit, l'image est formée par des tailles qui retiennent l'encre. Il s'agit donc de produire des planches d'une grande durée et ayant soit des creux, soit un grain pouvant retenir le noir d'impression et l'empêcher de couler.

Par les procédés à la gélatine, on obtient des planches qui retiennent également l'encre; mais, outre que ces surfaces n'offrent pas la résistance d'une plaque métallique, étant dépourvues de grains, on n'obtient que le trait et presque pas du tout la demi-teinte.

Nous avons vu dans les descriptions de M. Poitevin qu'il faisait un surmoulage de la plaque de gélatine, et que de ce premier moule, à l'aide de la galvanoplastie, il obtenait une planche de cuivre propre au tirage; mais lui aussi n'avait vaincu que la première difficulté, la seconde existait toujours.

On a depuis essayé de bien des moyens pour obtenir ce grain remplaçant la taille et indispensable pour obtenir de belles épreuves à teintes graduées.

Après avoir produit l'image sur une couche de gélatine étendue sur plaque de cuivre, les uns la gravaient par le sesqui-chlorure de cuivre, les autres à la pile électrique, et d'autres encore par différents produits ou acides plus ou moins bien appropriés à ce travail; on obtient ainsi les traits, mais rien de plus.

Le meilleur procédé connu jusqu'à présent est une très heureuse modification du procédé primitif de M. Poitevin, c'est-à-dire celui du surmoulage des reliefs d'une épreuve faite sur gélatine bichromatée. L'invention consiste : 1° dans le genre du surmoulage; 2° dans l'adjonction d'un grain qui permet d'obtenir les épreuves avec demi-teintes aussi complètement que par la Photographie proprement dite. Ce procédé est celui de M. Rousselon.

Dans le procédé pratiqué par M. Baldus, après avoir produit une image sur couche de gélatine étendue sur la planche de cuivre, on encre cette image comme nous l'avons indiqué pour le procédé décrit dans la première Partie de ce Livre; on procède ensuite à la morsure, soit par la pile électrique, soit par les acides, et l'on obtient une planche gravée.

Nous supposons que l'encre dont on doit se servir est de l'encre d'impression, mais avec adjonction de produits résistant mieux aux acides que celle dont on se sert habituellement.

Ce procédé très simple est très bon lorsqu'il ne s'agit que de traits.

M. Rousselon emploie, pour son procédé, les données de M. Woodbury; celui-ci, après avoir produit une lame de gélatine bichromatée, comme dans le procédé qui porte son nom, continue toutes les opérations comme pour ce même procédé.

Seulement, à la gélatine bichromatée, il ajoute soit du verre pilé très fin, de l'émeri ou de la poudre de charbon destinée à former le grain; la lame de gélatine, après avoir été développée et séchée, est comprimée contre une planche de plomb dans laquelle elle laisse son empreinte.

De cette planche de plomb on obtient, par la galvanoplastie, autant de planches de cuivre qu'il est besoin.

M. Rousselon procède exactement de la même manière, seulement au lieu de produire le grain en ajoutant des poudres à la liqueur sensible, il y ajoute un produit qui fournit ce grain tout naturellement; plus le temps d'exposition est prolongé, plus le grain est apparent. Ce procédé qui, d'après ces résultats, semble très bon, étant la propriété de son auteur, n'est connu que par ce que M. Rousselon en a dit lui-même à la Société française de Photographie en présentant des épreuves faites par lui.

« Ces épreuves, dit-il, sont obtenues au moyen d'un premier moulage en creux fait par le procédé Woodbury, c'est-à-dire par la compression de la gélatine sur une surface plane en plomb (ou d'un alliage métallique mou), au moyen de la presse hydraulique.

» La nouveauté du procédé consiste en un moyen particulier pour obtenir immédiatement dans cette gélatine le grain nécessaire à la gravure. Ce grain se produit, sous l'influence de la lumière, par l'addition d'une substance que j'y incorpore, et il est d'autant plus gros que l'action de la lumière est plus vive et plus prolongée.

» L'épreuve gélatinée et comprimée sur le plomb donne sur la surface métallique les différences de grain, et, au moyen de la galvanoplastie, on obtient une planche qui peut être tirée comme la gravure en taille-douce. »

Nous bornons ici les extraits des divers procédés phototypiques; le lecteur saura faire, en pratiquant notre premier procédé, de bonnes épreuves à coup sûr, et s'il veut faire des essais pour arriver à mieux, les quelques procédés que nous donnons ici, et qui sont les plus sérieux en ce genre, suffiront pour le guider dans ses expériences.

QUATRIÈME PARTIE.

Nous suivrons, dans l'exposition des détails et procédés pratiques qui font l'objet de cette quatrième Partie, la marche adoptée par nous au début de ce Livre; nos indications seront donc données dans l'ordre même selon lequel les travaux s'exécutent : aussi commencerons-nous par les améliorations apportées à la production du cliché photographique.

Moyen de faire les reproductions sans déformations.

La chambre noire étant supposée d'aplomb, ainsi que la planche et le support sur lequel on aura fixé la gravure à reproduire, on tracera au crayon sur la glace dépolie deux diagonales dont l'intersection correspondra exactement au centre de la glace.

Cela fait, il reste à déterminer le centre de l'image à reproduire; on y arrive, comme pour la glace dépolie, mais sans crayon, au moyen de deux fils tendus d'un angle à l'autre de la gravure : le point d'intersection des fils devra, lors de la mise au point, correspondre à celui des lignes tracées sur la glace dépolie.

On peut aussi employer le petit instrument suivant, que chacun saura construire.

On prend une petite planchette de 4cq à 5cq, et de $0^m,01$ à $0^m,02$ d'épaisseur. Après l'avoir bien dressée des deux côtés, on en détermine le centre au moyen de diagonales menées d'un angle à l'autre; au point trouvé on perce un trou pouvant recevoir un petit cylindre en bois, ou bien un bouchon cylindré à la râpe et d'une longueur de $0^m,05$ à $0^m,06$. La surface de ce cylindre doit être peinte en blanc, et son sommet en noir.

On suspend alors la planchette, après en avoir enlevé le petit cylindre, au devant de la gravure à reproduire, de telle sorte que son trou central corresponde au point d'intersection des deux fils, et on la fixe dans cette position, après s'être assuré de son contact absolu avec la gravure. On replace le cylindre, son sommet noirci regardant l'objectif, et l'on met son image au point sur la glace dépolie, de telle sorte qu'elle coïncide exactement avec le centre de celle-ci.

Ce premier résultat obtenu, il s'agit d'assurer le parallélisme exact de la gravure à reproduire et de la glace dépolie. Dans ce but, non-seulement on amènera l'image du cylindre au centre de la glace dépolie, mais on modifiera la situation relative du châssis contenant l'image à reproduire et de la chambre noire jusqu'à ce que le sommet noirci cache complètement le corps blanc du cylindre. Ce résultat obtenu, il n'y a plus qu'à enlever la planchette et à mettre au point l'image.

M. Huguenin a décrit dernièrement une méthode différente pour arriver au même résultat, et excellente, selon lui.

La chambre noire et l'objet à reproduire étant bien placés, au lieu de la planchette dont nous venons de parler, on suspendra au centre approximatif de l'image un miroir au dos duquel on aura eu soin de fixer trois vis à tête tenant lieu de vis calantes; au moyen de ces vis on règlera l'aplomb du miroir, de manière qu'il y ait parallélisme exact entre la surface étamée et la gravure au-devant de laquelle il est suspendu.

Le miroir étant placé comme nous venons de l'expliquer, on examinera si son image se reflète au centre de la glace dépolie, à égale distance de ses bords. Si oui, l'image de l'objectif doit se voir exactement au point central de la glace dépolie, en sorte que, l'une des pointes d'un compas étant posée sur le centre de celle-ci, l'autre pointe puisse suivre exactement le contour de l'objectif.

Ce résultat obtenu, le parallélisme entre la chambre et la gravure à reproduire est parfait.

Enlèvement des clichés.

A peu d'exceptions près, tout cliché reproduisant du trait doit rester sur la glace si l'on veut conserver une netteté parfaite au transport, ce qui est une condition essentielle lorsqu'il s'agit de reproduction de plans ou de cartes géographiques. Comme les moyens de transport en usage aujourd'hui permettent de ne pas retourner ces clichés, ainsi qu'on le verra au Chapitre des reports phototypiques, on a donc tout profit à effectuer ces travaux par les procédés ordinaires.

Il n'en est pas de même pour les reproductions de demi-teintes; dans ce cas, les distorsions sont de peu d'importance, et l'image doit être retournée; voici un moyen facile d'opérer.

La glace destinée à recevoir le cliché étant nettoyée comme de coutume, on procède à un second nettoyage à l'aide d'une dissolution de :

Éther	100gr
Cire vierge blanche	0, 50

Il n'y a qu'à humecter de cette solution un tampon de coton, avec lequel on frotte la glace; puis, avec un autre tampon bien propre, on donne le poli, en frottant aussi vite que possible, la surface devant être aussi claire après qu'avant cette opération; on fait ensuite le cliché.

Le cliché terminé, si l'on croit nécessaire de le retoucher, on le gomme; sec et retouché, on le pose, la surface gommée en dessus, sur un pied à vis calantes, on effectue la mise du niveau et on le couvre de la solution suivante, en ayant soin d'éviter les bulles :

Eau chaude	100gr
Gélatine	10
Glycérine	1

Après dissolution, ce mélange doit être filtré; pour le verser sur la glace, il faut attendre qu'il ne soit plus que tiède. Dans le cas où l'on voudrait accélérer la dessiccation, on peut ajouter, mais seulement au moment de verser, 10cc à 15cc d'une solution d'alun à 2 pour 100.

Dès que la couche est sèche, au bout de vingt-quatre heures en moyenne, on la collodionne en se servant du normal épais, suivant la formule ci-après :

Alcool	100gr
Éther	150
Coton-poudre	5

auquel on ajoute 5 ou 6 gouttes d'huile de ricin.

Cette couche de collodion est sèche au bout d'une heure environ ; il n'y a plus alors qu'à enlever le cliché, ce qui se fait en incisant la couche sur son pourtour avec la pointe d'un canif. Les incisions faites, il ne faut pas laisser la pellicule s'enlever spontanément, car elle se roulerait sur elle-même ; mais, aussitôt que les bords sont coupés, on soulève la couche avec le canif et on l'enlève.

Ce moyen est infaillible et d'un emploi très simple. Après un ou deux essais, on est sûr de réussir. On peut, sans nuire au succès de l'opération, verser la gélatine sur la couche de collodion préalablement rognée sur les quatre bords, de manière que la gélatine fasse prise sur la glace elle-même, à l'entour du cliché, ce qui prévient le détachement spontané de la couche.

Nouvelle presse phototypique.

Description. — Désirant compléter autant qu'il est en notre pouvoir l'œuvre de vulgarisation des procédés aux encres grasses, commencée par la publication de ce Livre, nous avons fait construire par M. Poirier, l'habile mécanicien, une presse spéciale pouvant servir à tous les genres d'impression phototypique. Cette presse convient à l'amateur comme au producteur industriel.

Pour être parfaite, la nouvelle presse devait pouvoir utiliser sans risque d'accidents toutes les surfaces dont on se sert ordinairement : pierres lithographiques, planches de cuivre, de zinc et *surtout les glaces;* elle devait de plus être beaucoup plus maniable, partant moins fatigante que les anciennes presses lithographiques, moins encombrante et surtout moins chère. On va voir comment nous avons réussi.

Pour pouvoir imprimer sur glace, il fallait :

1° Supprimer tout cahotement dans la marche du chariot ;

2° Remédier à l'inégalité de pression provenant de la mise en mouvement de la pédale au moyen du pied ;

3° Donner pour support à la glace une surface rigoureusement plane et assez rigide pour prévenir toute dépression partielle du plan de soutien en lui assurant une force de résistance identique et constante sur tous les points.

L'une de ces trois conditions étant négligée ou imparfaitement remplie, l'impression sur glace devenait problématique, sinon tout à fait impossible. Voici comment nous avons résolu le problème.

La glace repose à nu sur une plaque rabotée, mathémathiquement plane, qui remplace l'ancien chariot en bois. On peut interposer entre la glace et la plaque une feuille de papier blanc, de texture égale et fine, qui facilite l'appréciation du degré d'encrage. La force de résistance de la glace est ainsi augmentée à ce point qu'aucune pression ne peut en amener la rupture ; il est, en effet, plus facile de casser une pierre sous les anciennes presses que de briser une glace sous celle-ci.

La pression se donne au moyen d'un excentrique et non d'une pédale; on est donc maître de la force, qui se traduit par une action rigide, constante et sans ressaut durant tout le trajet du chariot.

Dans l'ancienne presse, le chariot obéissait à un moulinet dont le mouvement saccadé mettait la glace en péril et fatiguait énormément l'imprimeur ; de plus il ne se trouvait en équilibre que sur une portion de son parcours égale à la moitié de sa longueur; en effet, dès que son milieu avait dépassé le cylindre compresseur, l'avant s'abaissait, tandis que l'arrière s'élevait, d'où un ressaut très-sensible.

Dans la nouvelle presse, le moulinet a été remplacé par une manivelle qui commande deux roues dentées.

Le cylindre est supprimé ; les galets en fer qui le remplacent viennent affleurer la ligne horizontale sur laquelle se meut le chariot, dans deux glissières latérales qui supportent son poids sur tout son parcours.

Comme on peut s'en apercevoir par ces courtes explications, cette presse est destinée, nous le croyons, à faciliter la main-d'œuvre des nouveaux procédés ; car, outre son bas prix, relativement à celui des presses ordinaires, sa construction, dans laquelle il n'entre que du fer, lui assure une force de travail plus grande.

Mise en service. — La presse une fois vissée sur un pied solide et bien calé, on fixera par quelques clous au porte-râteau le râteau en bois garni d'une bande de cuir; cette bande doit être tendue autant que possible. Le châssis de cuir étant de même mis en place, on applique sur le chariot une glace assez grande, ou encore une pierre lithographique ; la glace est calée au moyen de deux réglettes plates en fer, dont les extrémités entaillées s'ajustent dans une espèce de crémaillère qui se trouve sur les deux côtés du chariot ; si l'on emploie une pierre, on la maintient au moyen de deux barreaux mobiles en fer qui se placent à volonté aux deux extrémités du chariot. La glace ou la pierre étant fixée, rabattez le châssis en cuir en interposant une feuille de bristol entre celui-ci et la planche ; abaissez également le porte-râteau. Afin de régler la pression, ce porte-râteau a un crochet qui doit venir se prendre dans l'anneau que commande l'excentrique ; tournez alors l'excentrique jusqu'à ce que vous sentiez une forte résistance; arrêtez-vous à ce point et regardez le dos du porte-râteau. Si la pression est égale, il doit offrir à l'œil, dans toute sa largeur, une saillie égale; si, au contraire, vous remarquez une dépression à gauche ou à droite, c'est que la pression est inégale : régularisez-la au moyen soit de la vis placée sur le coude du porte-râteau, soit de celle qui porte l'anneau dont nous avons parlé plus haut.

La vis du porte-râteau se manœuvre facilement à la main à l'aide d'une poignée; pour manœuvrer celle de l'anneau, il faut d'abord desserrer un écrou qui se trouve en dessous, puis monter ou descendre un second écrou placé immédiatement sous l'anneau : c'est celui-ci qui fait monter ou descendre la vis.

La pression étant bien égale, il faut graisser avec du suif ou de la panne de lard le cuir du râteau et celui du châssis; cela fait, on abat le porte-râteau, on donne un tour d'excentrique et, tournant la manivelle, on fait passer le chariot sous le râteau. Cette opération doit se faire quinze ou vingt fois, en graissant les cuirs chaque fois que cela paraît nécessaire : cette manœuvre a pour but de bien faire pénétrer le corps gras dans les deux cuirs, afin d'assurer un glissement doux et régulier, et aussi de tendre le cuir du châssis. Celui-ci est monté sur deux tringlettes en fer, garnies chacune d'un petit écrou; chaque fois que l'on a fait faire un tour au chariot, il faut resserrer ces écrous jusqu'à ce que le cuir soit suffisamment tendu. Cette opération se fait une fois pour toutes : chaque fois qu'il s'agit d'imprimer, il n'y a qu'à régler la pression, et tout doit marcher convenablement et sans fatigue aucune, même pour une femme, s'il lui prend fantaisie de tirer une épreuve.

Grâce à cette presse, on peut imprimer en toute sécurité sur glace; aussi conseillons-nous de préférence les procédés dans lesquels on se sert de ce subjectile comme étant ceux qui donnent les plus beaux résultats.

Jusqu'ici nous n'osions les conseiller, à cause des difficultés que présentait leur emploi pratique.

Phototypie.

De tous les procédés phototypiques proprement dits, ce sont décidément ceux à doubles couches qui ont le plus de succès, succès justifiés, du reste, par la beauté des résultats. La glace est également fort en faveur comme subjectile.

Avant d'aborder la description des diverses améliorations que ces procédés ont reçues dans ces derniers temps, nous nous permettrons de faire quelques réflexions relatives aux *desiderata* qui subsistent encore dans la pratique de ces procédés et d'émettre à ce propos quelques idées nouvelles qui porteront peut-être leur fruit entre des mains plus habiles.

Les couches phototypiques donnent des épreuves très-belles, où les demi-teintes sont d'une extrême finesse; la production, lorsque l'imprimeur est bien au fait, est relativement facile; mais ces couches, malgré tout le soin possible, sont d'une solidité très-restreinte; voici pourquoi, selon nous.

Après chaque épreuve tirée, on est obligé de mouiller la planche; cette opération souvent répétée provoque l'accumulation d'une certaine quantité d'eau entre la gélatine et le subjectile; l'eau travaille la couche en dessous et la détruit en peu de temps.

Différents tours de main ont été proposés et essayés, quelques-uns avec assez de succès, pour remédier à ce grave inconvénient : nous en parlerons du reste plus loin; mais malgré tout, le vrai remède est encore à trouver. En voici un que nous proposons, en attendant mieux.

La couche de gélatine est perméable et par conséquent absorbante, surtout aux endroits non insolés, qui repoussent l'encre grasse; on observe le même fait en lithographie; mais, tandis que la pierre, perméable dans toute son épaisseur, offre par conséquent un écoulement facile à l'eau, les couches phototypiques, reposant sur des subjectiles éminemment rebelles à l'absorption, tels que glaces ou métaux, acquièrent un excès d'humidité dont elles ne peuvent se débarrasser, et dont la présence entre elles et leurs subjectiles les détériore promptement.

Il faut donc prendre pour subjectile un corps absorbant : or, deux subjectiles aujourd'hui employés présentent les avantages voulus : ce sont le zinc et les pierres lithographiques.

Étant donnée une planche de zinc, on en rend la surface perméable à l'eau par une des solutions employées dans l'impression zincographique, et on la recouvre d'une couche phototypique.

Quant à la pierre lithographique, elle reçoit sans apprêt spécial la même couche, à condition toutefois qu'elle soit bien dressée des deux côtés, pour obtenir le niveau exact qui est indispensable.

Sur ces deux sortes de subjectiles, les couches ont à coup sûr une bien plus grande force de résistance; mais, en s'en servant, on est obligé de renoncer à deux qualités qu'offre la glace : l'insolation par l'envers et la finesse que l'on ne peut obtenir sur le zinc ou la pierre aussi bien que sur la glace.

Pour réunir les avantages de la pierre et de la glace, nous avons pensé à nous servir de plaques de biscuit, qui, poreuses comme la pierre lithographique, sont translucides, moins que la glace, mais assez pour qu'on puisse utiliser cette propriété. Nous croyons que, si l'on peut obtenir ces plaques, supérieures comme qualité à celles que livre aujourd'hui le commerce, on pourra en tirer un excellent parti.

Procédés de Phototypie sur glace. — Les glaces doivent être doucies; cependant, celles dont le grain est trop fin sont moins bonnes que celles dont le grain un peu fort se rapproche de celui de la glace dépolie.

Si les glaces ont déjà servi, on enlève, au moyen d'essence de térébenthine, l'encre qui les souille : cela fait, on les laisse pendant vingt-quatre heures dans une cuve contenant de l'eau acidulée à l'acide acétique. On les passe ensuite dans deux ou trois eaux pures, puis, à l'aide d'une raclette en bois ou en corne, on enlève la couche de gélatine.

La glace nettoyée est lavée encore une fois dans l'eau pure, puis dans une eau légèrement ammoniacale, rincée à nouveau et enfin séchée.

En outre, que les glaces aient servi ou non, il faut, au moment de les utiliser, les nettoyer à l'alcool.

La veille du jour où l'on doit les employer, on prépare une certaine quantité d'albumine, en procédant comme il suit :

Mettre dans un vase en porcelaine de grandeur suffisante :

Blanc d'œuf	50gr
Silicate de soude	7
Eau distillée	100

On bat le tout en neige jusqu'à consistance compacte, puis on laisse reposer jusqu'au lendemain.

Après repos, on filtre, d'abord sur un morceau de flanelle, puis sur un filtre en papier ; chaque fois que ce filtre s'engorge, on le change.

Le liquide étant filtré et la glace posée sur un pied à vis calantes ou mise de niveau par un moyen quelconque, on verse la solution en bande dans le sens de la largeur de la glace et à l'une de ses extrémités ; à l'aide d'un agitateur coudé en triangle (dont la base repose sur la glace et le sommet dans la main de l'opérateur), on répartit le liquide sur la surface ; cela fait, on laisse écouler l'excédent de liquide, qui, après filtration, peut servir de nouveau. Si l'on s'aperçoit qu'il s'est formé des bulles d'air dans la première couche, il faut en donner une seconde; la glace est alors dressée perpendiculairement, le côté préparé contre un mur pour la laisser sécher : ce qui a lieu en deux heures, plus ou moins.

Une fois séchée, on la plonge une demi-minute dans de l'alcool à 40° (ce bain est utile, mais non indispensable), puis dans de l'eau pure, après quoi on la laisse sécher de nouveau.

Ainsi préparées, les glaces peuvent se conserver presque indéfiniment; c'est pourquoi il est bon d'en préparer le plus possible à la fois. Elles sont meilleures huit jours après leur préparation qu'immédiatement après.

Les glaces étant apprêtées comme nous venons de l'indiquer, dès que l'on veut s'en servir, il faut préparer la solution sensibilisatrice. Voici sa formule :

Eau distillée	100gr
Gélatine	8
Colle de poisson	4
Bichromate de potasse	3

La gélatine et la colle de poisson doivent, avant leur emploi, subir un bain d'eau d'une durée de six heures au moins, et mieux de douze ou quinze.

La colle de poisson se dissout à feu nu dans la moitié de l'eau distillée; on met la gélatine fondre dans l'autre moitié sur un bain-marie; on mélange ensuite ces deux solutions, puis on pile le bichromate de potasse, de manière à le réduire en poudre, que l'on ajoute à la solution; on laisse le tout dix minutes sur le bain-marie en remuant constamment et l'on filtre sur une flanelle épaisse; la solution est alors prête à servir; il est bon toutefois de ne pas l'employer chaude, mais tiède.

Pendant que la liqueur sensible refroidit, on plonge la glace dont on va se servir dans une cuvette contenant de l'eau tiède, où on la laisse dix minutes; on la sort et on la fait égoutter.

Tout étant prêt, la glace placée bien de niveau, on verse la solution bichromatée et on l'étend comme nous l'avons indiqué pour l'albuminage.

L'épaisseur de la couche dépend du genre de travail que l'on veut faire; nous ne pouvons donc donner de règles fixes à ce sujet; en tout cas, pour du *trait*, une couche mince est bonne; la couche plus épaisse est meilleure pour les demi-teintes.

La couche étant étendue régulièrement et le séchoir chauffé à 35°, on ferme tout pour laisser la dessiccation s'opérer, ce qui a lieu en deux ou trois heures; on peut attendre davantage et cela n'en est que meilleur, à condition, bien entendu, que la chaleur du séchoir ne dépasse en aucun cas 35°, sans quoi la couche pourrait s'enlever de la glace.

Le mode de chauffage du séchoir, tel que nous l'avons indiqué précédemment, suffisant pour un amateur qui n'a besoin que de préparer une ou deux planches de temps en temps, ne l'est plus si l'on a besoin d'en faire un plus grand nombre et plus souvent; dans ce dernier cas, voici un moyen de chauffage plus constant et plus économique, en ce sens que l'appareil de chauffage sert en même temps à produire de l'eau distillée.

Un alambic ordinaire est placé à quelque distance du séchoir et le tuyau qui relie le corps de l'alambic au serpentin parcourt, avant de s'emboutir sur ce dernier, quatre ou cinq fois la longueur de tout le séchoir; dans ce but, on le coude plusieurs fois sur lui-même, à peu près en forme de trombone. L'eau de l'alambic étant bouillante, la vapeur passe dans le tuyau coudé disposé dans le séchoir et le chauffe, puis s'échappe dans le serpentin d'où elle s'écoule en eau distillée. Comme on le voit, cet appareil est simple, peu coûteux et remplit en même temps deux fonctions avec un plein succès.

L'exposition à la lumière se fait comme nous l'avons déjà indiqué, sauf que l'image une fois venue il faut ôter le cliché du châssis et retourner la glace sensible, de manière à présenter l'envers à la lumière; on protège la couche insolée au moyen soit d'un papier, soit d'un drap noir; après quoi, refermant le châssis, on réexpose pendant un espace de temps quatre fois moindre que celui de la première exposition.

Le développement se fait toujours comme nous l'avons déjà indiqué, en trempant la planche dans l'eau plus ou moins longtemps et la laissant sécher ensuite pendant vingt-quatre heures : elle est alors prête pour l'impression.

Quant à ce dernier point, voici un perfectionnement indiqué par M. Despaquis.

Au lieu de faire le mouillage à l'éponge et au linge

fin, on mouille avec un rouleau de pierre poreuse ou, ce qui selon nous vaut mieux, avec un rouleau ordinaire recouvert d'un linge très fin, humecté, et que l'on passe sur la planche avant d'encrer; de cette manière, le mouillage se fait plus régulièrement; enfin la planche fatigue beaucoup moins que par le frottage du linge et de l'éponge : d'où une plus grande durée et la possibilité de tirer un plus grand nombre d'épreuves, sans changement de couche.

Si cette manière de mouiller tient ce qu'elle promet, nous ne voyons pas pourquoi les tirages phototypiques ne se feraient pas à la mécanique, puisque les deux systèmes sont semblables.

Encres. — A l'encre lithographique, mélangée de vernis faibles ou forts, nous préférons la même encre, mais seule ou, pour atténuer sa dureté, mélangée avec un peu d'huile d'olive et de talc en poudre; le rouleau adhère moins à la couche en encrant, et l'on risque moins d'enlever des parcelles, comme cela arrive avec les vernis gras.

La méthode que nous venons d'indiquer peut s'appliquer aux traits aussi bien qu'aux demi-teintes; cependant il vaut mieux se servir du procédé suivant, spécial pour toutes les reproductions de gravures, plans, etc., et qui évitera l'ennui de détacher les clichés des glaces.

Procédé spécial aux traits. — Une glace polie, que l'on nettoie d'abord très bien avec du tripoli et de l'alcool, est ensuite frottée avec un peu de fiel de bœuf ou de talc en poudre. Après avoir bien refrotté cette glace avec un tampon propre, afin d'enlever l'excédent de matière et de lui rendre tout son poli, on la met de niveau sur un pied à vis calantes.

On la couvre alors de la solution suivante :

Gélatine	6gr
Eau	100

La quantité de liquide qui doit rester sur la glace est subordonnée au plus ou moins de finesse du travail qu'il s'agira de faire ; cependant le mieux est de s'en tenir toujours à des couches assez minces.

Le liquide uniformément réparti sur la glace, on place dessus une feuille de papier albuminé, l'albumine en contact avec la gélatine. Cette feuille est, avant son emploi, mise à flotter sur un bain d'alcool à 36°, qui coagule l'albumine ; trois minutes suffisent ; on la laisse sécher, pour ne plus l'humecter qu'avec un peu d'eau au moment de la poser.

La feuille mise sur la gélatine sans interposition de bulles, on laisse sécher un jour au moins ; dès que la dessiccation est suffisante, il faut enlever la feuille et la couche qui y adhère ; cela se fait en incisant le papier tout autour de la glace.

Ce papier est d'une très grande finesse et se conserve dans cet état très longtemps ; dès que l'on désire s'en servir, on le passe sur un bain de bichromate de potasse à 3 pour 100 en été, 4 pour 100 en hiver. Nous disons de passer le papier *sur* le bain et non *dedans* ; c'est-à-dire qu'on doit le bichromater, comme on sensibilise une feuille de papier au nitrate d'argent. On écrème donc le bain, sur lequel on pose la feuille, le côté gélatiné en contact avec le liquide, en évitant les bulles, et on l'y laisse séjourner trois minutes; on l'enlève et on le pique par deux coins pour le laisser sécher dans l'obscurité.

Préparé le soir, ce papier est prêt à servir le lendemain matin.

L'exposition du papier se fait mieux que celle des planches, puisqu'il est possible d'arrêter la venue de l'image quand on le juge à propos; pour cela, il n'y a qu'à couvrir un des côtés du châssis et à suivre la venue de l'image; dès qu'elle est marquée avec tous ses détails en brun sur fond jaune clair, l'exposition est terminée.

La feuille retirée du châssis est mise dans une cuvette d'eau propre pendant une heure; au bout de ce temps, on peut procéder à l'encrage.

C'est la partie délicate et qui demande une connaissance assez grande des petits tours de main que la pratique seule apprend; aussi prions-nous les personnes qui n'ont pas l'habitude des impressions lithographiques de lire avec attention ceux que nous décrirons et qui seront pour moitié dans la réussite.

Pendant que le papier impressionné est dans l'eau, on prépare :

1° Une pierre lithographique ;

2° De l'encre de report attendrie par un peu d'essence de térébenthine; avoir soin que le mélange soit intime;

3° Un petit tampon de toile fine et ne peluchant pas;

4° Un linge propre et une éponge petite et fine, dans de l'eau propre.

Ayant tous ces objets sous la main, et le papier ayant suffisamment séjourné dans l'eau, on l'en retire pour le poser tel que sur la pierre lithographique, l'image en dessus; en posant le papier, éviter les bulles d'air entre la pierre et le papier; l'adhérence est plus forte. Avant d'encrer, il est nécessaire d'attendre que la pierre absorbe l'excès d'eau que contient le papier; on peut au besoin tamponner avec un linge fin et propre. Il ne faut cependant jamais laisser sécher complètement la couche, qui doit être humide quand on commence l'encrage.

Le moment arrivé, on prend le petit tampon, que l'on frotte dans l'encre mélangée d'essence, jusqu'à ce qu'il soit bien également garni, sans grumeaux; si l'on s'aperçoit qu'il présente des inégalités, on le frappe à petits coups sur une surface quelconque, jusqu'à parfaite régularisation de la couche d'encre.

On commence alors à encrer l'épreuve, non pas en frottant dessus, mais en frappant légèrement, à coups appliqués verticalement sur toute la surface, sans s'inquiéter si l'encre prend inégalement sur les noirs ou souille les blancs, pourvu qu'il y en ait partout.

Si, après avoir frappé sur toute l'étendue, on juge qu'il n'y a pas assez d'encre, on regarnit le tampon; mais, avant de réencrer, il faut humecter à nouveau la couche; on peut ainsi recommencer plusieurs fois, jusqu'à ce que l'encrage soit suffisant. Cette opération terminée, l'image doit se voir, mais inégale et sale; c'est alors qu'il faut égaliser la teinte et tout remettre en place à l'aide d'un petit tour de main (c'est ici le cas ou jamais d'appliquer ce mot) que voici :

Tenant le linge propre de la main gauche, on ouvre toute grande la droite, avec laquelle il faut frapper vivement la couche dans tous les sens; c'est la paume de la main qui doit toucher, et encore ne doit-on utiliser que le mamelon opposé au pouce, lequel formant une espèce de coussinet élastique, nettoie les blancs de la couche et laisse aux noirs leur teinte propre.

Chaque fois que la paume est par trop noire, on l'essuie vivement avec le linge tenu de la main gauche; c'est à l'intelligence de celui qui opère à se rendre promptement compte de l'instant où sa main doit être propre pour frapper sur telle partie et où elle doit, au contraire, être pleine d'encre pour frapper sur telle autre, comme aussi on saura bien vite quels sont les endroits où ce tamponnage doit être fort ou léger.

En résumé, l'épreuve, si ce petit tour de main est bien exécuté, doit se voir pure et telle qu'on peut la souhaiter : si toutefois elle paraissait généralement chargée de noir, un petit coup de rouleau à sec suffira à la dégager; si, au contraire, elle paraissait grise, on l'humecterait et l'on donnerait un nouvel encrage; toutefois le dernier défaut est moindre que le premier, une épreuve trop chargée s'écrasant facilement sous la presse.

En tout cas, l'épreuve bien venue, on la laisse sécher avant de faire le report par les moyens indiqués au Chapitre *Report*.

Les deux méthodes spéciales, l'une à la demi-teinte et l'autre au trait, étant décrites, nous allons mettre sous les yeux du lecteur les divers procédés se rattachant plus ou moins au même genre de travail.

PROCÉDÉS DIVERS. — TRAITS ET DEMI-TEINTES.

Procédé Waterhouse.

Matériaux nécessaires. — Glaces épaisses finement dépolies, supports à caler, un niveau, un bain-marie pour faire fondre la gélatine, un support à cornue, un plat pour faire bouillir la solution de savon, une lampe à alcool et l'outillage ordinaire d'un imprimeur.

Mode opératoire. — Après avoir bien nettoyé les plaques, on les cale avec soin et on les couvre de la solution chaude ci-après :

Eau....................................	750gr »
Savon au miel..........................	5 ,85
Tannin.................................	2 »
Gélatine...............................	100 »

Pour préparer ce mélange, on fait d'abord dissoudre la gélatine dans 200gr d'eau chaude; puis, après avoir dissous séparément le savon et le tannin chacun dans 50gr d'eau chaude, on les mêlera et on les ajoutera à la solution chaude de gélatine, lentement et en remuant toujours.

On filtrera ensuite à travers un linge épais dans un récipient quelconque.

Si des bulles viennent à se former, on les fait disparaître avec la pointe d'un canif.

On abandonne les plaques jusqu'à ce que la gélatine soit bien prise et l'on évite avec soin les poussières, qui produiraient autant de piqûres.

Dès que la gélatine a fait prise, on renverse les plaques sens dessus dessous, en appuyant leurs quatre angles sur de petits cubes de bois, et on les laisse sécher douze heures environ ; une fois sèches, les plaques sont sensibilisées dans un bain de bichromate de potasse à 4 pour 100.

Elles peuvent rester dans ce bain à peu près cinq minutes, puis on les place dans une boîte ou dans une chambre obscure et on les fait sécher à une chaleur douce ; sèches, on les expose sous un négatif renversé.

Le temps de pose est de cinq à trente minutes au soleil.

Après pose suffisante, on retire le négatif du châssis, et l'envers de la plaque sensible est exposé au soleil pendant trois minutes, de façon à durcir complètement la partie inférieure de la couche de gélatine, ce qui prévient les soulèvements.

On plonge ensuite la glace dans de l'eau propre que l'on renouvelle souvent jusqu'à ce que tout le bichromate ait disparu.

On essuie l'eau en excès, et la plaque est prête à être imprimée.

Procédé Borlinetto.

Prenez des verres plans de 0m,007 à 0m,008 d'épaisseur, dépolissez-les à l'émeri fin le plus soigneusement possible (une fois pour toutes), lavez-les à l'eau pure, séchez-les, passez-les enfin à l'alcool et nettoyez au papier de soie.

Préparez ensuite un mélange de :

Blanc d'œuf..................................	2gr
Eau pure filtrée..............................	30

Battez en neige et laissez reposer pendant une nuit; filtrez sur un morceau de flanelle, et, ayant mis dans un vase à bec une quantité suffisante de l'albumine ainsi obtenue, versez avec la main droite sur le centre de la plaque, tenue presque horizontalement de la main gauche, de manière à la couvrir; au besoin, on facilite l'extension du liquide avec le doigt, en ayant soin d'éviter les bulles. Posez ensuite votre glace oblique contre le mur, de manière que l'excès d'albumine s'écoule par la partie inférieure, appuyée sur un coussin de papier buvard.

Les plaques ainsi préparées et une fois séchées, on les plonge pendant trente secondes dans une solution alcoolique de nitrate d'argent; on lave et on laisse sécher complètement.

Quand on veut avoir une image sur la plaque pour

l'employer comme matrice à imprimer à l'encre grasse, on prépare préalablement la solution suivante :

Bichromate d'ammoniaque..............	0gr,5
Gélatine blanche..................	1
Eau distillée....................	20

On met la gélatine et l'eau dans une capsule en porcelaine et l'on chauffe, en agitant avec une baguette de verre, afin que la gélatine n'adhère pas au vase. Lorsque la gélatine est dissoute complètement, on la laisse un peu refroidir, puis on y ajoute le bichromate. On prend ensuite un verre albuminé qu'on immerge dans l'eau bouillante, la partie albuminée en dessus, pendant une minute ; en attendant, on filtre dans une flanelle la gélatine bichromatée recueillie dans un vase spécial, verre de table ou autre.

Retirant alors la plaque de l'eau bouillante, on verse à sa surface, encore chaude et mouillée, la gélatine tiède, en inclinant opportunément pour la faire couler partout ; si cela ne réussit pas sur les bords, on en facilite l'extension avec le doigt. L'excès de gélatine est recueilli dans un vase de la même manière que l'on fait avec le collodion ; seulement il faut avoir soin que la couche gélatinée soit assez épaisse pour donner une bonne image.

Avant cette dernière opération, on disposera une bassine en zinc, garnie d'eau et recouverte d'une glace forte, le tout supporté par trois vis calantes, pour mettre la glace de niveau. Une lampe à alcool placée au-dessous de la bassine maintiendra le tout à une douce chaleur.

On placera sur cette plaque de verre, qui doit être tiède, la plaque gélatinée, et l'on continuera de chauffer jusqu'à ce qu'elle ait atteint 55°. A ce moment-là on éteindra la lampe et on laissera sécher spontanément. Au bout de vingt minutes environ, la glace sera sèche et refroidie, et l'on pourra l'impressionner. Il n'est pas nécessaire de dire que ces opérations doivent être faites dans l'obscurité.

Le verre sec et refroidi s'applique sur un négatif renversé et l'on expose. Par le soleil, la durée de l'exposition est un peu plus longue que pour les images au chlorure d'argent; à l'ombre, elle doit être plus que doublée.

Lorsque l'image a été suffisamment exposée, on la voit, dans ses moindres détails, vigoureuse et bien marquée; on renverse la glace, de façon que l'image soit en dessous, en contact avec la glace du châssis. On place sur l'image une feuille de papier noir, on ferme le châssis et l'on expose le revers du verre aux rayons de soleil pendant quinze secondes; cela fait, on met la glace portant l'image dans une bassine et l'on verse dessus l'eau bouillante, de façon à la couvrir complètement. On agite l'eau en soulevant et en baissant doucement la cuvette pour aider la dissolution du bichromate. Après cinq minutes, on verse dans une seconde cuvette de l'eau bouillante et l'on y plonge l'épreuve; l'image devient de plus en plus légère et de couleur vert clair; au bout de cinq autres minutes, on met dans une autre cuvette une nouvelle eau bouillante à laquelle on ajoute un peu d'alun, et l'on y plonge l'image. La retirant alors quelques minutes après, on la plonge dans une nouvelle eau bouillante et pure, on l'y maintient quelques minutes, on la retire enfin et on la laisse sécher spontanément.

Quelques heures après, la plaque, cliché ou type, est prête à servir. Cependant, avant de l'encrer, on la plonge pendant dix minutes dans l'eau froide.

Après la description de son procédé, M. Borlinetto ajoute : « Le procédé que je suggère est très sûr, et la résistance de la couche gélatinée sur la plaque de verre est tellement forte qu'elle résiste à l'eau, à l'action du rouleau et de la presse, sans qu'il se produise des entamures ou soulèvements. »

Procédé de M. Husnik.

On emploie comme support des plaques de verre de 0m,006 au moins d'épaisseur, dépolies d'un côté au moyen d'émeri très fin, légèrement humecté d'eau et réduit en bouillie très homogène, de façon qu'il n'y reste pas de grumeau sec, dont la présence ne manquerait pas de produire sur la glace de profondes rayures. Sur la glace couverte de cette pâte d'émeri on pose une seconde glace à laquelle on imprime, sous une douce pression, un mouvement régulier circulaire. Au bout d'une dizaine de minutes, on obtient ainsi un grain d'autant plus fin que la poudre d'émeri s'est encore broyée pendant l'opération. On lave la plaque, on s'assure que toute la surface est d'un mat uniforme; et, si elle présentait encore quelques solutions dans le grainage, on recommencerait l'opération avec une nouvelle prise d'émeri et d'eau. Il est à remarquer qu'on obtient ainsi d'un seul coup deux plaques dépolies.

Si l'on avait affaire à des plaques qui eussent déjà servi, on enlèverait d'abord la gélatine en les immergeant dans un récipient en plomb ou en zinc contenant une lessive de chaux et de soude; cette lessive se conserve pendant plus de deux mois, et il est toujours possible de l'aviver en lui restituant de la chaux. La gélatine. même fortement adhérente, se détache au bout de douze heures et s'enlève en raclant la glace avec une lame de zinc ou un morceau de bois. On rince et l'on dépolit de nouveau, pour enlever la gélatine qui pourrait s'être logée dans les pores du verre, mais il suffit, cette fois, d'une seule application d'émeri. Les glaces ainsi préparées sont lavées à plusieurs eaux, essuyées avec des chiffons et mises à sécher.

Première préparation des plaques. — On prend 25 parties d'albumine bien pure, 45 parties d'eau distillée. 8 parties de silicate de soude du commerce, qu'on mélange ensemble; on bat ensuite en neige et on laisse reposer. Le lendemain, ou six à huit heures plus tard, on décante la portion claire du liquide et l'on filtre sur un linge propre, sans presser. Ce premier filtrage facilite beaucoup celui qu'on doit effectuer ensuite sur un filtre de papier soutenu par un entonnoir de verre plongeant dans une éprouvette ou un verre à expérience. Bientôt les pores du filtre se bouchent et le filtrage cesse : il faut changer le filtre. Cette opération se répète au moins trois fois avant que toute la liqueur soit transvasée dans l'éprouvette; le contenu de celle-ci doit encore être filtré une fois, mais l'opération ne présente plus alors aucune difficulté.

Pour préparer des plaques, on installe bien horizontalement une grande glace, sur laquelle on pose les plaques dépolies après l'avoir brossée avec un pinceau doux. Sur chaque plaque et en partant d'un des bords, on verse un peu de la liqueur préparée comme il a été dit, en la faisant couler sur toute la surface; pour cela, on incline doucement la grande glace. L'extension du liquide est facilitée au moyen d'une bande de papier avec laquelle on le ramène sur les parties qui n'en seraient pas mouillées, prenant garde que la liqueur ne coule trop vite, mais se meuve parallèlement de haut en bas.

On redresse ensuite la glace par un de ses coins et l'on fait écouler l'excès de liqueur par l'autre, dans un récipient spécial où il est recueilli, On laisse égoutter et sécher les glaces dressées contre la muraille. Le liquide qu'on a recueilli est rejeté sur le filtre et passé de nouveau. On peut préparer de la sorte un grand nombre de plaques; elles se conservent bien, mais, avant de s'en servir, elles doivent reposer un jour ou deux.

Deuxième préparation. — Pour enduire les plaques de gélatine, il faut d'abord les laver soigneusement à l'eau froide, de préférence sous un robinet, mais sans toucher le côté préparé. On les redresse pour les sécher, et elles sont alors prêtes à recevoir la gélatine, ce qui se pratique de la manière suivante. Procurez-vous une caisse munie d'un fond en tôle de fer avec un couvercle en toile ou en drap noir; à l'intérieur, à $0^{m},07$ du fond, on tend une toile qu'on recouvre de papier à filtrer, mais sans l'y coller. Ce châssis sert à répartir uniformément la chaleur inégale du fond, sous lequel on allume de l'alcool ou du gaz. A $0^{m},07$ au-dessous du couvercle, la caisse est traversée par des tringles en fer horizontales, pourvues de deux ou trois trous portant des vis sur la tête desquelles viennent poser les glaces, et qu'il est facile d'ajuster de niveau. Un thermomètre recourbé, fixé dans une paroi de la caisse, indique la température de celle-ci. On place deux, trois glaces ou davantage sur les vis, on les installe horizontalement, on ferme la caisse et l'on chauffe à 35°. Pendant ce temps, on met $7^{gr},50$ de gélatine française de première qualité dans 150^{gr} d'eau distillée et on la laisse tremper pendant une heure; après quoi on la dissout au bain-marie, et, lorsqu'elle a atteint une haute température (environ 70°), on y ajoute 1^{gr} de bichromate d'ammoniaque et $0^{gr},5$ de chlorure de calcium; puis, lorsque le tout est bien dissous, encore 30^{gr} d'alcool ordinaire, après quoi l'on filtre. La liqueur filtrée est coulée sur la plaque chauffée, où on l'étend au moyen d'une bande de papier.

Il ne faut verser ni trop ni trop peu, mais seulement assez pour que, en inclinant la glace, il ne s'en écoule qu'un minime excès. C'est un tour de main qui s'apprend vite : trop épaisse, la couche ne résiste pas à l'action du râteau quand elle passe à la presse; trop claire, elle fait ressortir le grain du verre, qui se traduit à l'impression par des points noirs, et elle exige une pression plus forte. Les plaques ainsi baignées sont laissées dans la caisse pour y sécher à la température de 35°. En été, elles se conservent au moins huit jours ; en hiver, quatre semaines dans l'obscurité, et elles s'améliorent en vieillissant.

Exposition. — Avec un bon négatif à l'ombre, elle dure trois quarts d'heure, au soleil un quart d'heure. La lumière diffuse donne de meilleures demi-teintes. Après l'exposition, le chromate non influencé par la lumière est lavé à l'eau, et la plaque bien égouttée est mise à sécher. Au bout de trois heures, les plaques peuvent passer à l'impression. Une plaque ainsi traitée fournit six cents épreuves et davantage, si toutes les prescriptions sont bien suivies.

Procédé Jacobsen.

Nous donnons ici, mais pour mémoire, le procédé *Jacobsen* : impressions aux encres grasses sans presse.

On commence par obtenir une épreuve au charbon sur glace par les procédés ordinaires. La glace est alors ajustée dans un châssis en bois qui encadre exactement l'image. Cela fait, on prépare la solution suivante :

Gélatine	1 partie.
Gomme arabique	1 »
Glycérine	2 »

Cette mixtion tiède, versée sur l'épreuve au charbon, deviendra, en se refroidissant, la planche à imprimer. Lorsqu'elle est suffisamment coagulée, on détache avec soin le cadre à l'aide d'une lame de couteau ; la masse de gélatine, dans laquelle est incorporée l'image au charbon, est retournée et la glace enlevée. Pour obtenir l'épreuve, un rouleau en verre dépoli est ce qu'il y a de mieux ; on le recouvre d'encre en le passant sur une surface élastique qui en a été préalablement enduite.

Cette encre doit être additionnée d'un peu d'huile de térébenthine ou de benzol pour la rendre plus liquide, puis versée sur une surface semblable à celle qui porte l'image et travaillée à l'aide du rouleau.

On encre alors l'image au charbon, sur laquelle on applique une feuille de papier albuminé, coupée de dimension voulue, que l'on presse à l'aide d'une raclette en caoutchouc; puis on l'enlève avec soin. Le papier albuminé en contact avec la plaque absorbe l'humidité ; aussi ne doit-on pas le laisser trop longtemps, sans quoi l'albumine adhère au bloc et le souille. Il n'est pas nécessaire de mouiller la plaque avec de l'eau, la gélatine contenant assez d'humidité pour que l'on puisse tirer une douzaine d'épreuves. Au bout de ce temps, l'humidité peut n'être plus suffisante, mais, en suspendant le tirage, la couche, en peu de temps, absorbe assez de la vapeur d'eau atmosphérique pour permettre de reprendre le tirage.

PROCÉDÉS S'APPLIQUANT AUX TRANSPORTS SUR PIERRE, ZINC, ETC. — TRAITS.

Procédé Borlinetto.

« Je recouvre une glace bien nettoyée avec du fiel de bœuf, que je puis conserver assez longtemps en l'additionnant d'un peu de créosote. A l'aide d'un morceau d'étoffe de laine, je frotte légèrement la surface du verre, de façon à étendre le fiel d'une manière bien égale et à ne laisser aucune espèce de ride. Je sèche à une douce chaleur, et, lorsque la glace est encore tiède, je la mets sur un pied à niveau. D'un autre côté, j'ai préparé une solution de gélatine contenant :

Gélatine	5	parties.
Eau	50	»
Alun de roche	1	»

et bien filtrée à travers une flanelle après parfaite dissolution.

» Pendant qu'elle est encore chaude, je la verse sur ma glace recouverte de fiel. Si l'extension de la gélatine se fait un peu difficilement, j'y aide au moyen d'une bande de carton. Je prends ensuite une feuille de papier blanc un peu fort, je l'immerge dans une cuvette d'eau, et, lorsqu'elle est bien pénétrée, je l'essuie avec du papier buvard; je l'étends alors sur la gélatine, en ayant soin de ne pas interposer de bulles d'air et de ne pas laisser la gélatine passer sur le revers. Je laisse le tout en place jusqu'au lendemain.

» Si le temps n'est pas trop humide, le papier enduit de gélatine se détachera de lui-même; si cela n'a pas lieu, on y arrivera en se servant d'un canif dont on passe la lame sous les bords. La surface de la feuille ainsi préparée est brillante et l'on peut la conserver indéfiniment.

» Quand je veux l'employer, je la plonge dans une solution de bichromate à 3 pour 100, je la suspends pour la sécher et je l'expose sous un négatif. Lorsque l'image apparaît dans tous ses détails, je la plonge dans une solution de :

Nitrate d'argent	1gr
Alcool	20
Eau	50

» La surface devient alors d'un rouge brique, par suite de la formation de chromate d'argent. Je lave à l'eau pure, puis je verse sur l'image de l'ammoniaque liquide étendue de 3 parties d'eau. Sous ce réactif, la teinte rouge disparait (le chromate d'argent étant soluble dans l'ammoniaque), et il reste une image d'un vert pâle formée d'oxyde de chrome. Après cette transformation, je lave de nouveau à l'eau, je la place face en dessus sur une planche de bois dur, bien propre, à laquelle je la fixe à l'aide de punaises. Cela fait, avec une éponge sèche et très propre, j'enlève l'excès d'humidité de la surface et alors j'encre à l'aide d'un rouleau de lithographe.

» L'avantage de ce procédé sur tous ceux que j'ai expérimentés est que l'encre grasse s'attache immédiatement à l'épreuve.

» La gélatine, par l'adjonction de l'alun dans la première solution et son immersion dans le bain de bichromate, devient complètement insoluble, et sa consistance augmente encore par l'effet de la solution argentifère. »

Procédé Rodrigues.

Le report que l'on fait ordinairement au moyen de feuilles de papier préparé présente des imperfections provenant : 1° des dilatations et des contractions inégales de la feuille de papier sous l'influence de l'humidité et de la sécheresse ; 2° du grain du papier qui ressort toujours sous l'action de l'eau ; 3° quelquefois d'un manque de contact parfait entre le cliché et la feuille de papier, surtout pour les grandes dimensions et de l'écrasement du trait sous la pression nécessaire au report.

M. Rodrigues pensa que l'emploi de feuilles de métal minces et bien polies permettrait d'obvier aux deux premiers inconvénients.

Ce fut alors qu'il essaya des feuilles d'étain aussi minces que peuvent le permettre les manipulations; il eut ainsi une feuille se juxtaposant au cliché d'une manière rigoureuse; au moment du report, le métal vient se mouler sur l'épaisseur presque inappréciable des traits produits par l'encre de report; il les encaisse, pour ainsi dire, et les protège contre l'écrasement. Voici, du reste, la manière d'opérer, d'après M. Rodrigues lui-même :

« L'étain que nous employons n'est pas plus épais qu'une mince feuille de papier; le plus mince est le meilleur, pourvu que, par suite du laminage, il ne soit pas trop percé de points à jour et que la manipulation ne devienne pas trop difficile. Les raisons données plus haut expliquent la nécessité de feuilles très minces et très souples pour obtenir la finesse et la netteté des reports.

» La feuille d'étain à préparer est d'abord satinée sous une faible pression sur une pierre lithographique non polie, mais très finement grainée et peu poncée : une trop forte pression rend le métal moins souple et augmente sa tendance à se déchirer; l'emploi d'une pierre trop polie empêcherait la mixtion sensible d'adhérer parfaitement au métal, tandis qu'un grain trop prononcé altérerait la finesse du dessin et faciliterait la formation des taches sous le rouleau d'encre grasse.

» La feuille satinée doit être ensuite nettoyée et, pour faciliter cette opération, il est nécessaire de la mettre sur un support. On prend, à cet effet, une plaque de zinc bien plane et bien polie, telle qu'on en prépare pour la gravure; on mouille la surface avec un peu d'eau, on y applique la feuille d'étain comme on couche une feuille de papier positif sur le bain d'argent, en ayant soin de ne pas produire de pli, de relever la feuille et de l'appliquer de nouveau s'il s'en produit quelques-uns; si l'on ne peut les éviter, on les réduit le mieux possible en les comprimant sur la feuille de zinc, et l'on complète la superposition des deux faces métalliques en pesant légèrement sur la surface avec un tampon de coton entouré d'un linge fin imbibé d'eau.

» Si la surface de l'étain paraît bien propre, on se contente d'y passer un tampon fin imbibé d'une solution de potasse ou de soude à 10 pour 100; s'il est nécessaire d'employer un mode de nettoyage plus énergique, on ajoute un peu de craie bien lévigée à la lessive de potasse ou de soude; on lave ensuite avec soin pour enlever toute trace de craie et de lessive alcaline, et, au moyen d'un pinceau très doux, on étend sur l'étain la solution de gélatine bichromatée.

» Cette solution se compose de :

Gélatine	40gr
Eau	500

d'une part; d'autre part on fait dissoudre :

Bichromate d'ammoniaque........	20gr
Eau........................	500

» Cette mixture, étendue au pinceau, doit donner

une couche parfaitement homogène; on l'égalise avec un blaireau. La surface métallique doit présenter alors une couleur ambrée très régulière, sans stries, et, lorsqu'on la relève, la solution ne doit pas quitter le métal par places, ce qui indiquerait un mauvais nettoyage. Il faut éviter avec soin les bulles d'air et les poussières, dont chaque grain absorberait autour de lui, par capillarité, la mixture encore liquide, en laissant, après dessication, un cercle très affaibli de préparation.

» Tant que la gélatine est liquide, elle n'a aucune sensibilité; mais, aussitôt qu'elle a fait prise, la sensibilité commence et le reste des opérations doit se continuer dans le laboratoire éclairé par des verres jaunes.

» Il est nécessaire que la dessiccation de la couche sensible soit rapidement faite, pour empêcher la cristallisation du sel de chrome et les différences d'égalité qui pourraient s'établir dans l'épaisseur; pour sécher vivement, on chauffe la plaque de zinc soit au gaz, soit à l'étuve, en prenant la précaution de la maintenir bien horizontale. Quand la surface de l'étain est suffisamment sèche, on sépare la feuille de son support, on la retourne sur un bristol fort, et l'on chauffe de nouveau pour vaporiser l'eau qui établissait le contact. La feuille est alors prête pour l'exposition. Le mieux est de l'employer le jour même de la préparation.

» On se sert pour l'exposition d'un châssis positif ordinaire; on étend la feuille d'étain sur le négatif, on assure un contact parfait en passant légèrement, à plusieurs reprises, un rouleau garni de flanelle; on maintient le contact comme pour les épreuves positives ordinaires, avec un peu plus de pression, et l'on expose.

» Il est préférable d'exposer directement et perpendiculairement aux rayons du soleil; la pose uarie alors de cinq à douze minutes; il faut au moins trois fois plus de temps à la lumière diffuse.

» Pour encrer l'épreuve, ce qui équivaut au développement, on commence par immerger la feuille d'étain dans un bain abondant d'eau froide, le dessin en dessus, et on l'applique toute mouillée sur une pierre lithographique bien dressée et destinée à servir de support pour l'encrage. On a soin, dans cette application, qu'il ne se produise aucun pli, et le dessin doit être en dessus. On passe alors le rouleau de flanelle pour bien égaliser la surface et chasser les épaisseurs d'eau interposées; quelquefois on applique un buvard bien mouillé, afin que l'absorption de l'eau se fasse régulièrement; puis on passe et repasse, sur la surface gélatinée, un rouleau d'imprimeur chargé bien également d'un mélange de 3 parties d'encre de report pour 1 partie d'encre d'impression. Cette manipulation demande une main exercée : elle est délicate et réussira d'autant mieux qu'elle sera confiée à un ouvrier plus habile. Le rouleau doit être très bien fait; il faut le charger de peu d'encre à la fois, et la renouveler fréquemment : on de doit employer la gomme que par exception.

» Pendant cette opération, il peut se présenter différents accidents : l'encrage se fait d'abord lentement; si cependant il se faisait avec trop de difficulté, c'est qu'il y aurait excès d'eau ou insuffisance de pose; on peut remédier à ce défaut par l'emploi d'une encre plus grasse et plus liquide, mais le mieux est de recommencer.

» Si la surface d'étain se salit dans les fonds, on la recouvre avec un peu de colle d'amidon diluée ou avec une solution très faible de gomme arabique, ou bien on frotte les taches avec une éponge imbibée de cette même solution de gomme, on atténue ainsi l'affinité de la surface pour l'encre; mais il peut arriver alors que l'image ne prenne plus une vigueur suffisante.

» Si l'exposition a été trop prolongée et que la surface prenne l'encre d'une manière trop générale, on enlève cette encre avec de l'essence, on passe à la gomme arabique et, avec un peu de soin, on peut ramener l'épreuve. Une couche trop épaisse se déchire sous le rouleau; trop mince, elle se recouvre d'un voile noir général.

» Après ce premier encrage, on abandonne l'épreuve pendant deux heures, et l'on fait un second encrage, puis on lave parfaitement la surface avec une éponge et de l'eau très pure; on essuie légèrement, et, détachant la feuille d'étain, on la suspend pour la laisser sécher.

» Il n'y a plus qu'à procéder au report sur pierre, d'après les procédés usuels. »

Nous arrêtons ici la description des différents procédés phototypiques proprement dits. On nous pardonnera les quelques répétitions qui se trouvent dans ces différents procédés, mais nous avons préféré fatiguer un peu le lecteur que de rien lui laisser ignorer des manières de procéder propres à chaque auteur; par ces redites, on reconnaît les moyens qui, se pratiquant généralement sont, par cela même, d'un succès plus certain.

PHOTOGRAVURE. — PHOTOTYPOGRAPHIE.

Les différents procédés, classés sous ces deux titres, doivent de prime abord se diviser en deux classes : 1° ceux dont l'image est produite par le bichromate; 2° ceux dont l'image est produite par un mélange de bitume et d'huiles essentielles.

Ces deux classes se subdivisent elles-mêmes en genres différenciés par la nature des planches qu'ils produisent, les unes donnant le trait, les autres la demi-teinte. Nous verrons plus loin que ces premières divisions peuvent elles-mêmes se partager encore, selon les moyens secondaires employés pour la production des matrices d'impression.

Taille-douce.

Étant donnée une épreuve au trait, obtenue par un des moyens quelconques décrits plus haut, encrée et reportée sur métal, voici comment il faut procéder pour obtenir la gravure.

Supposons que l'image ait été reportée sur une planche de zinc (c'est le meilleur métal pour cet usage) laquelle, avant le transport, devra avoir été planée et polie bien proprement; le report étant fait comme d'habitude, on lave la planche avec une éponge mouillée pour enlever les souillures que le papier peut y avoir laissées et, de suite, on y passe dans tous les sens une autre éponge trempée dans la solution suivante :

Eau	100gr
Gomme arabique	15
Acide nitrique	2
Acide chlorhydrique	4 à 5 gouttes
Solution de noix de galle	10cc

Cette solution de noix de galle se fait en laissant macérer un ou deux jours les noix dans de l'eau pure.

La solution étendue sur la planche doit y séjourner dix minutes, un quart d'heure au plus; ce temps écoulé, à l'aide de l'éponge mouillée d'eau pure, on enlève la solution gallique, avec précaution, de manière à en réserver sur la planche une couche excessivement mince, faute de quoi la planche se salirait à l'encrage.

Pendant que la solution gallique séjourne sur la planche, on étale sur la table au noir de l'encre lithographique, à laquelle on a ajouté un quart en poids de bitume de Judée pulvérisé; le mélange entre l'encre et le bitume étant parfait, on garnit le rouleau comme d'habitude, et, dès que la planche est dégarnie de la solution gallique comme nous venons de le dire, on encre jusqu'à ce que l'image paraisse telle qu'elle doit être; bien encrée, elle doit avoir un léger relief. Si l'on n'atteignait pas au point voulu du premier coup, il faudrait, avant d'encrer à nouveau, repasser sur toute la planche la solution gallique, et autant de fois on encre, autant de fois il faut refaire la même opération, afin d'éviter tout barbouillage.

En s'astreignant aux règles précédentes, on aura une planche parfaitement encrée, où les blancs seront très purs; si cependant, l'encrage terminé, on apercevait, à quelque endroit des blancs, des taches d'encre, on les enlèverait, avant d'aller plus loin, par le moyen suivant :

On prend une plume d'oie, taillée comme pour écrire, sauf qu'il est inutile de fendre le bec, et un peu de cendre de bois tamisée. Mouillant le bec, on le trempe dans la cendre qui s'y attache, on frictionne alors les endroits souillés : l'encre s'enlève parfaitement; si l'on fait ce petit travail avant que l'encrage soit complètement terminé (chose qui arrive quelquefois, surtout quand on n'en a pas encore beaucoup d'habitude), il faut, avant d'encrer, remettre toute la planche sous la solution gallique, sans qu'il soit utile de l'y laisser séjourner aussi longtemps que la première fois; quatre à cinq minutes suffisent.

Quand l'encrage est proprement et complètement

achevé, il faut laisser sécher la planche. On prend alors un blaireau très doux et trempé dans de la poudre impalpable de colophane, et l'on en barbouille la plaque (sèche bien entendu) dans tous les sens, sans appuyer trop; la plaque étant dans de bonnes conditions, la poudre ne doit s'attacher qu'aux noirs. La colophane en poudre est facile à faire soi-même; on n'a qu'à broyer dans un mortier les morceaux, que l'on trouve dans le commerce, et passer au tamis fin.

Lorsqu'on juge que la planche est suffisamment garnie, on secoue le blaireau pour en détacher l'excédent de poudre, et on le repasse sur la surface pour enlever toute la poudre inutile.

Cela fait, on expose la planche au-dessus d'un feu quelconque, l'envers tourné vers la flamme; il faut la promener en tous sens, afin que la chaleur soit bien également répartie. On juge que l'action du feu est suffisante quand l'encre se mouille légèrement. En tout état de cause, il vaut mieux s'arrêter trop tôt que trop tard; avec un peu d'habitude, on se rendra mieux compte du degré voulu, en touchant le dessous de la planche avec la main.

Les poudres résineuses ajoutées doivent donner de la résistance aux traits, le chauffage doit servir à les fixer plus fortement sur la planche. Le chauffage terminé, on attend que le métal soit complètement refroidi avant de procéder à la morsure.

A tous les moyens usités de creuser un métal, nous préférons celui qui consiste à employer la pile. Nous allons le décrire; cependant, dans les procédés analogues que nous décrirons plus loin, on trouvera une méthode de morsure plus simple; notre préférence s'appuie sur ce que la morsure à la pile est beaucoup plus régulière et plus aisée à surveiller; de plus, comme la pile dont nous allons parler est d'un prix peu élevé, l'acquisition en est facile à tout le monde.

La pile dont on doit se servir est celle connue sous le nom de pile *Daniell*, préférable à toute autre pour le genre de travail dont il s'agit. Deux éléments sont suffisants pour graver toutes les grandeurs de planches dont on peut avoir besoin.

L'élément se compose : 1° d'un pot en grès; 2° d'un cylindre en zinc, auquel est attaché un ruban en laiton; 3° d'un vase poreux; 4° d'un ballon en verre à large tubulure garnie d'un bouchon coupé aux deux tiers, dans le sens de la longueur; 5° de deux fils conducteurs.

Pour mettre la pile en train, on remplit le vase en grès avec de l'eau salée (eau de sel de cuisine); le cylindre de zinc est placé dans le vase, et le vase poreux est lui-même placé dans le cylindre en zinc; le ballon est rempli aux deux tiers avec du sulfate de cuivre, l'espace resté vide est rempli d'eau. Après l'avoir débouché, le ballon est renversé, le goulot plongeant dans le vase poreux, dans lequel on peut, au préalable, verser une solution saturée de sulfate de cuivre.

Les deux éléments étant ainsi arrangés, on plonge le fil de laiton attaché au cylindre en zinc du premier vase dans la solution saline du second vase. Le fil de laiton de l'autre zinc est relié, à l'aide d'une pince en cuivre, à un petit fil de laiton conducteur. Un ruban de laiton, semblable à celui qui est fixé au cylindre en zinc, plonge dans le vase poreux du premier élément par une extrémité, tandis que l'autre est reliée à un autre fil conducteur.

C'est au bout de ce dernier fil conducteur qu'il faudra, à l'aide d'un étrier, suspendre la planche à graver dans la cuve contenant le bain.

Ce bain doit être contenu dans une cuve carrée en gutta-percha ou bois doublé de cette matière; elle doit être un peu plus haute que les planches ne sont longues, afin que celles-ci, suspendues perpendiculairement, y puissent être submergées complètement; le bain est composé d'eau acidulée à l'acide nitrique jusqu'à 3° de l'aréomètre de Baumé. Il ne faut pas dépasser ce point, car il suffit que le bain soit conducteur pour que la morsure marche bien.

La pile étant préparée comme nous venons de le dire et la planche à graver attachée au fil conducteur partant du pôle cuivre, suspendue verticalement dans le bain, on y plonge aussi le fil conducteur partant du pôle zinc. Ce fil ne doit tremper dans le liquide que de $0^m,02$ ou $0^m,03$ et à nu, c'est-à-dire que, comme ce fil de laiton est entièrement couvert de soie, il faut enlever celle-ci sur toute la partie immergée et, au besoin, on avivera cette partie, en la grattant avec un couteau.

Dès que la planche et le conducteur zinc sont

plongés dans le bain, si tout est en bon ordre, on doit voir de suite se dégager de l'hydrogène à l'extrémité du conducteur zinc; si ce dégagement n'a pas lieu, il suffit de frotter les conducteurs l'un contre l'autre pour que de suite on voit apparaître les bulles de gaz, indice d'une bonne marche.

La durée de l'opération est de une à deux heures; suivant l'importance de la gravure et la délicatesse du dessin, on peut, comme à l'eau-forte, couvrir au vernis les parties qui sont à point pour laisser creuser davantage les autres.

Lorsque l'on juge que la planche est suffisamment mordue, on la lave à l'eau pure et on laisse sécher.

Si l'on doit faire un long tirage, comme la planche de zinc n'aurait pas assez de résistance, on peut la couvrir par la galvanoplastie d'une couche de cuivre, que l'on renouvelle chaque fois que l'on s'aperçoit qu'elle commence à s'user; de cette manière, la planche peut satisfaire au tirage le plus considérable.

On peut aussi toujours, par voie galvanoplastique, en tirer des contre-épreuves complètement en cuivre.

Comme nous l'avons dit, nous préférons de beaucoup cette manière de graver; on peut faire plusieurs planches à la fois sans être astreint à une surveillance continuelle. La gravure vient admirablement bien, sans se ronger à côté; de plus, cette pile peut fonctionner trois semaines ou un mois sans qu'il soit nécessaire d'y toucher et sans dégagement de mauvaise odeur.

Phototypographie.

Pour transformer une planche en bloc propre au tirage typographique, le travail est bien différent et surtout beaucoup plus long, les creux nécessaires devant être infiniment plus profonds que dans les planches en taille-douce.

Nous ne nous servons plus, pour ce genre de travail, de la pile, mais d'un bain de mordançage, ainsi qu'on le verra plus loin.

Voici la liste des objets nécessaires pour faire la gravure typographique :

Une cuvette en gutta-percha ou bois et gutta-percha ; cette cuvette est munie d'un cylindre en bois fixé extérieurement à son fond, dans le sens de la largeur, lequel est destiné à permettre de la balancer d'avant en arrière : un bâton un peu fort et rond, vissé sur le fond, fera très bien l'affaire ;

Deux rouleaux en cuir, l'un comme ceux dont on se sert ordinairement en lithographie, et l'autre très dur et lisse ; si, pour ce dernier, on peut s'en procurer un qui ait servi pour la chromolithographie, ce sera meilleur ;

De la colophane en poudre fine et un blaireau doux ;

Un pot de vernis gomme-laque avec son pinceau ;

La liqueur gallique dont nous avons donné la formule plus haut ;

Enfin deux encres différentes, que l'on distingue par encre n° 1 et encre n° 2. Nous donnons d'abord la manière de faire ces deux encres, on en verra l'emploi plus loin : nous recommandons de porter la plus grande attention à la confection de ces deux encres; c'est de là que dépend en quelque sorte la réussite du travail.

Encre n° 1 : Cire jaune.................... 100gr
Encre typographique......... 300

Placez sur le feu la cire dans un vase en terre vernissée; quand la cire est fondue, ajoutez-y l'encre typographique en agitant constamment la solution jusqu'à ce que le mélange soit parfait.

Encre n° 2 : Poix noire.................... 150gr

qu'on fait dissoudre.

Une fois fondue, on y ajoute :

Cire jaune.................................. 150gr
Résine en pierre.......................... 150

Après cette adjonction, il faut attendre que le tout soit bien fondu et mélangé; après quoi on ajoute :

Noir de lithographie........................ 300gr

On attend encore que la fusion et le mélange soient bien à point, et l'on ajoute enfin :

Poix de Bourgogne............................ 20gr

Ce dernier produit doit faire monter le mélange comme si c'était du lait : il faut donc à ce moment bien surveiller le liquide, et, dès qu'il monte, l'enlever pour le laisser baisser un peu.

Dès que tous les produits dont nous venons de parler sont bien fondus et mélangés, retirer le vase du feu, et, avant refroidissement complet, y ajouter un peu d'essence de térébenthine et un peu de bitume liquide, bien remuer le tout et laisser au repos; après refroidissement, l'encre est prête à servir.

Ce que nous avons dit au Chapitre précédent concernant la gravure en taille-douce et relatif au décalque, s'applique également au travail dont nous allons parler, c'est-à-dire que l'épreuve étant reportée sur la planche de zinc, il faut gommer avec la même solution de gomme et de noix de galle, laisser reposer un quart d'heure, dégommer et encrer.

Dans les deux procédés, tout ce qui précède est semblable, sauf que l'encrage se donne ici avec l'encre n° 1. La planche, encrée et débarrassée des taches qui ont pu se produire, est saupoudrée de colophane en poudre, très légèrement chauffée et mise à refroidir.

La plaque froide est alors plongée dans la cuvette munie du cylindre dont nous avons déjà parlé; cette cuvette est préalablement garnie d'une quantité d'eau suffisante pour bien couvrir la planche, et acidifiée au moyen d'acide nitrique dans la proportion de 2 pour 100. La planche doit séjourner deux à trois minutes seulement dans ce bain.

Tant que la planche est au bain, on soumet la cuvette à un balancement continuel, de manière à donner au liquide qu'elle contient un mouvement de va-et-vient régulier.

On retire ensuite la plaque pour la laver sous un robinet, et on la laisse sécher.

C'est à ce moment qu'il faut faire les retouches, s'il y a lieu, au moyen d'un pinceau garni d'encre lithographique en tablettes, dont on se sert comme d'encre de Chine, en frottant la tablette sur une soucoupe avec un peu d'eau distillée. La retouche terminée, on vernit le dos et les côtés de la planche en y passant à plusieurs reprises le pinceau trempé dans le vernis à la gomme laque. Cette opération a pour but d'empêcher le bain de s'affaiblir inutilement; si, dans le dessin lui-même, il existe de grands blancs, on les couvre également de vernis.

Le vernis étant étendu et bien sec, on repoudre à la colophane, puis on procède à la première morsure, qui se fait en plongeant la plaque dans le bain précédent additionné d'à peu près autant d'acide nitrique que ce qu'il en contenait déjà. On agite ainsi à chaque morsure nouvelle l'acide que l'on ajoute servant tant à remplacer celui qui est entré en combinaison qu'à donner plus de force au bain, puisque chaque morsure doit être de plus en plus profonde.

Une bonne précaution à prendre avant de plonger pour la première fois la planche dans le bain, c'est d'y faire sur le côté, avec la pointe d'un couteau, une marque qui sert à mesurer le degré de profondeur des morsures; on renouvelle la marque à un autre endroit avant chaque nouvelle morsure.

La durée de la première morsure est de trois à quatre minutes, le bain étant toujours agité dans la cuvette à bascule. Après chaque morsure, il faut laver la planche sous un robinet et la laisser bien sécher à l'air libre, *sans chauffer*.

Sèche, on la chauffe, un peu seulement pour la première fois, et de plus en plus au fur et à mesure que la morsure se creuse; chauffée, on doit la laisser refroidir, on la gomme à la solution gallique, on lave légèrement, puis on recommence l'encrage, toujours avec le nº 1, qui sert jusqu'à la fin des cinq morsures, dites *morsures à froid*; enfin on poudre à la colophane pour faire ensuite la morsure.

On procède ainsi aux cinq morsures successives.

Pour que l'on puisse arriver aux effets voulus en toute connaissance de cause, il faut bien se rendre compte de la théorie de ce travail.

Comme un cliché typographique doit avoir une certaine profondeur dans les creux correspondant aux blancs de l'épreuve, afin que le rouleau encreur ne puisse y toucher et les souiller, il faut, pour obtenir des creux assez profonds, recourir à des bains forts en acide; mais alors il arrive que l'acide ronge les traits en dessous et finit toujours par enlever les finesses de l'épreuve; dans le procédé que nous décrivons, rien de tout cela n'est à craindre.

Les encres d'une composition spéciale rendent l'action de l'acide nulle sur les traits; le chauffage, qui a pour but de faire couler les encres sur les parties qui sont creusées, et cela au fur et à mesure, empêche l'acide de ronger en dessous, et, par conséquent, préserve dès le commencement les finesses;

de plus, l'action très lente et la répétition des morsures empêchent la violence du bain d'être nuisible, tout en permettant de creuser aussi profondément qu'il est nécessaire.

Dans toutes les opérations décrites jusqu'ici, c'est e chauffage des planches qui, comme on vient de s'en rendre compte, est la plus délicate et aussi celle dont dépend la finesse du travail ; nous allons donc entrer dans quelques détails à ce sujet.

La première morsure opérée (c'est celle qui creuse les plus grandes finesses seulement), on chauffe légèrement jusqu'à ce que l'encre qui garnit les traits commence à se liquéfier ; en fondant, l'encre s'étale en dehors des traits (les plus fins pour commencer), préserve ceux-ci de la morsure et en même temps garantit le dessous. Au second chauffage, l'encre coule un peu plus en dehors des traits, et ainsi de suite jusqu'à la cinquième morsure à froid ; les cinq chauffages doivent avoir tellement fait couler l'encre, que tous les traits doivent en être couverts et qu'il ne doit y avoir de découvert que les blancs qui, eux, ont besoin d'être creusés très profondément.

Les cinq morsures dites *à chaud* qui suivent les morsures à froid en sont la contre-partie exacte.

Dès que la dernière morsure à froid est terminée, on lave la planche à l'eau pure, puis à la benzine ; la benzine répandue sur la planche, on frotte dans tous les sens avec une brosse de chiendent pour enlever complètement toute l'encre ; ce premier nettoyage ne suffit pas : on nettoie avec une solution de potasse et d'eau jusqu'à ce que la planche soit parfaitement propre, on la relave dans de l'eau pure pour la laisser ensuite sécher à l'air.

A ce moment, si tout le travail a été bien conduit, tous les traits doivent paraître brillants sur fond mat; les traits ne sont pas nets, mais barbelés; ce sont les opérations suivantes qui donneront la netteté ; mais, si les lignes étaient mates ou rongées au lieu d'être brillantes, c'est que les opérations du mordançage à froid n'auraient pas été bien conduites, et surtout que le chauffage de la plaque aurait été mal fait.

Pendant que la plaque sèche, on prépare tout ce qu'il faut pour procéder au mordançage à chaud.

La pierre au noir qui a servi pour l'encre n° 1 est parfaitement nettoyée, le rouleau qui a servi est nettoyé et mis de côté; cela fait, on prend l'encre n° 2, et avec le rouleau le plus dur on commence à l'étendre sur la pierre au noir. Cette encre étant très dure, si l'on éprouve quelque difficulté à l'étendre en commençant, on chauffe un peu le rouleau, ou bien on ajoute à l'encre quelque peu d'essence de térébenthine, ce qu'il faut seulement pour amorcer la pierre. Dès que la couche d'encre est uniformément étendue et sur la pierre et sur le rouleau, on s'arrête pour procéder aux autres apprêts.

Le bain de mordançage qui a servi jusqu'à présent est jeté et remplacé par un nouveau aussi fort en acide que le précédent, car, comme nous l'avons dit, les opérations qui vont suivre se font en sens inverse des premières, c'est-à-dire que le premier bain à chaud est le plus fort et le dernier le plus faible; de même aussi la durée du premier est la plus longue et celle du dernier la plus courte.

Tout étant ainsi disposé, on chauffe fortement la planche et l'on y passe aussitôt le rouleau dur chargé d'encre nº 2; il faut faire en sorte que l'encre prenne partout; pas plus que précédemment, il ne faut avoir peur de noircir la planche. Dès à présent, il ne faut plus poudrer à la colophane, il n'y a plus besoin non plus de la liqueur gallique, car les creux qui représentent les blancs sont assez profonds pour n'avoir aucune crainte de les salir; du reste, le rouleau étant dur ne peut y plonger.

La planche encrée, on la chauffe à nouveau jusqu'à ce que l'on voie l'encre, qui était mate, devenir brillante; on laisse refroidir. La plaque froide est mise au bain, où elle séjourne dans les mêmes conditions et pendant le même temps que lors de la cinquième morsure à froid.

Sortie du bain, la plaque est lavée à l'eau pure, chauffée, mais moins fortement, encrée moins fortement aussi et rechauffée; on procède à la seconde morsure, ainsi de suite jusqu'à la cinquième, chauffant, encrant et mordançant toujours de moins en moins.

Pour la quatrième et la cinquième morsure, on change le bain.

Après la cinquième morsure, la planche est complètement terminée; si l'on voit alors qu'il y ait quelques petits défauts à retoucher, on le fait facilement à l'aide d'un petit outil taillé en sifflet.

On procède alors de la manière suivante au montage sur bois de la planche finie.

Avec une pointe et un marteau on pratique dans l'entourage de la planche (bien entendu dans des parties destinées à être enlevées) des trous qui doivent être assez grands pour pouvoir laisser passer la lame d'une petite scie à main; cela fait, on place la planche dans un petit étau, en ayant soin de garnir les mâchoires de l'étau avec des linges bien mous, pour éviter l'écrasement des traits, et l'on coupe avec une petite scie très fine tout ce qui est inutile autour de l'image, en suivant d'aussi près que possible le contour de celle-ci; on enlève de même les grands blancs que l'on a laissés dans l'intérieur de l'épreuve.

Le métal superflu étant bien enlevé à la scie, on repasse les contours à la lime, on abat toutes les rugosités et l'on accentue les pentes partant des traits, afin que ceux-ci seuls fassent saillie; il n'y a plus alors qu'à fixer la planche sur le bois debout. Ce bois se trouve dans le commerce.

Dans l'intérieur de l'image et de place en place sur les bords, on fait de petits trous à l'avance, et la planche une fois posée sur le bois, on garnit chaque trou de petites pointes enfoncées à l'aide d'un chasse-clou.

Ces opérations sont aisées : il faut seulement apporter grande attention à ce que ni la pression, ni un coup de marteau n'abîme les traits de la gravure.

La planche ainsi terminée est prête à être mise en tirage; on peut la tirer à part ou l'intercaler dans un texte, et c'est en cela que ce procédé est appelé à rendre de réels services, aussi bien pour l'illustration des livres que pour celle des journaux. Ces sortes de planches peuvent tirer un certain nombre d'épreuves; mais, si l'on en désirait une quantité très grande, il est facile de les reproduire par les moyens de clichage usités en typographie.

Ce procédé est le seul jusqu'à présent qui permette à coup sûr de faire des blocs typographiques, et c'est, nous le croyons, la première fois qu'il est publié avec tous les moyens pratiques nécessaires.

Nous pouvons d'autant mieux le recommander que, le pratiquant journellement, nous en sommes sûr; aussi croyons-nous rendre service aux personnes intéressées en les mettant à même d'en faire usage, d'autant plus que ce procédé a été tenu comme secret par les deux ou trois maisons qui s'en servent.

PROCÉDÉS DIVERS.

Nous plaçons ici la description des différents procédés relatifs à la production de la gravure photographique, en nous bornant à ceux qui, faciles et peu coûteux, donnent cependant les meilleurs résultats.

Procédé Lœwe.

Ce procédé repose sur le fait suivant : L'or est de tous les métaux celui qui résiste le mieux aux acides.

Une image en or possède, par conséquent, toutes les qualités nécessaires pour résister à l'influence de ces agents.

Il s'agit donc de former une image en or, transportable sur métal, après avoir donné à celui-ci un apprêt qui rende cette image adhérente. On opère comme il suit :

On prend un morceau de soie très propre que l'on plonge d'abord dans une dissolution de gomme adragante et de gluten; on laisse sécher, on cylindre, puis on recouvre d'une couche de caoutchouc dissous dans la benzine.

Après avoir étendu cette étoffe sur une glace, on la laisse sécher.

Ensuite on la sensibilise au moyen du perchlorure de fer et de l'acide tartrique, on impressionne à la manière ordinaire, et enfin on développe l'épreuve en la saupoudrant avec un mélange de poudre fine ainsi composé :

2 parties de sel d'or double;
3 » d'or à nielle

A ce moment, on dirige sur l'image un courant d'hydrogène destiné à métalliser l'épreuve.

Ce résultat obtenu, on détache la soie, qui possède une surface lisse et polie.

D'un autre côté, après avoir bien décapé une plaque de cuivre, on la recouvre d'un apprêt composé de chlorure de zinc concentré, de carbonate d'ammoniaque, de borax et de gomme.

Quand cette couche commence à sécher en devenant poisseuse, on y applique la soie du côté de l'image, on donne une pression et l'on abandonne à la dessiccation.

En frottant ensuite la soie au verso avec une éponge humide, on la détache de l'image, qui reste fixée sur le métal. On dirige alors sur la plaque la flamme d'un chalumeau à souder, puis on expose en second lieu dans une chambre solaire, en laissant la lumière du soleil frapper librement sur la plaque, qui se trouve ainsi comme damasquinée d'or soudé sur le cuivre.

On grave alors avec du nitrate d'argent à 10 pour 100, qui a l'avantage de ne pas creuser en dessous. Il faut avoir soin de laver chaque fois qu'une portion de la dissolution a emporté une nouvelle couche de cuivre.

Procédé Rodrigues.

« J'emploie beaucoup maintenant, pour les reproductions de dimensions moyennes, le bitume de Judée en dissolution dans la benzine ordinaire additionnée d'essence de lavande, de façon que l'évaporation soit moins rapide et ne produise pas d'inégalités d'épaisseur. Il est indispensable que la couche soit bien unie et parfaitement égale. J'emploie des feuilles de zinc minces et bien polies, et, aussitôt que la solution a été étendue à leur surface, je les chauffe un peu fortement jusqu'à la disparition presque totale de l'odeur de l'essence de lavande. J'expose au soleil comme à l'ordinaire ; seulement je frotte préalablement le cliché et la couche bitumée avec un peu de talc, afin d'empêcher toute adhérence. Le développement se fait à l'essence de térébenthine après que la plaque échauffée par le soleil est complètement refroidie. Je plonge la plaque rapidement dans une cuve contenant l'essence. Cette cuve a le fond cannelé pour retenir les impuretés qui peuvent se déposer. Il suffit, la plupart du temps, de quelques secondes pour développer la planche. On ne doit pas pousser le développement jusqu'à ses dernières limites : il se complète dans le temps qui s'écoule entre le moment où l'on retire la planche du bain et celui où l'on procède au lavage. L'opération du lavage doit se faire le plus rapidement possible au moyen d'un jet d'eau vigoureux et abondant, divisé par une pomme d'arrosoir, de façon à couvrir d'un coup toute la surface de la plaque. Après le développement, la plaque est passée à l'acide nitrique très faible, puis gommée et encrée. Si la plaque est très mince, je fais un report sur pierre, puis un autre sur plaque épaisse. Si l'on veut obtenir une photogravure, on prend une feuille de métal suffisamment épaisse et on la grave immédiatement.

» Parmi mes épreuves, il s'en trouve quelques-unes obtenues à l'aide d'un procédé nouveau qui pourra, je l'espère, permettre d'obtenir facilement des planches typographiques avec les demi-teintes du cliché original.

» Ces spécimens sont incomplets; certainement

que des recherches nouvelles amèneront des modifications dans les dosages et dans les manipulations, et permettront d'arriver à des résultats supérieurs à ceux que j'ai obtenus jusqu'à présent.

» Je mélange avec de l'essence de lavande et un peu de bitume de Judée du sucre de lait (une substance soluble dans l'eau ou dans l'acide nitrique, amidon, carbonate de chaux, carbonate de plomb rempliront le même but) ; je broie le tout à la molette jusqu'à homogénéité parfaite, puis je mélange une quantité suffisante de cette pâte à la solution de bitume dans la térébenthine, de façon à avoir une solution sensible de consistance convenable. Je recouvre ma plaque comme à l'ordinaire, en ayant soin de ne pas donner trop d'épaisseur à la couche. Je développe à l'essence et je mets immédiatement la plaque dans la bassine à gravure contenant de l'acide nitrique faible, comme on l'emploie ordinairement pour une première morsure. L'acide pénètre peu à peu la couche résineuse en dissolvant les matières destinées à former les grains, il troue la préparation plus ou moins, selon l'épaisseur de l'enduit bitumineux, et reproduit ainsi les demi-teintes de l'original. Il faut seulement avoir soin d'éviter une morsure trop considérable et de protéger, à l'aide d'un vernis ou d'encre lithographique, les parties accidentellement dénudées, et qui cependant doivent faire partie de l'image. On encre alors et l'on continue la gravure comme à l'ordinaire. »

DIFFÉRENTES MÉTHODES DE GRAVURE.

Liquide pour graver sur cuivre. — Préparez une solution saturée de cuivre dans l'acide nitrique et une solution concentrée de chlorure d'ammonium dans l'acide acétique. Mêlez 3 parties de la solution cuivrique avec 1 partie de la solution de sel ammoniac. Vous obtiendrez ainsi un liquide que vous n'aurez qu'à verser sur la planche de cuivre lorsque, toutefois, vous aurez entouré toute cette plaque d'un petit rebord de cire. La solution doit être renforcée d'acide nitrique, que l'on ajoute goutte à goutte jusqu'à ce qu'elle morde bien.

Les épreuves obtenues directement sur plaque au moyen du bichromate de potasse doivent être gravées au moyen d'une solution de chlorure de fer.

Liquide pour graver sur acier. — On obtient avec ce liquide des lignes d'une très grande finesse, alors même que l'acier est de mauvaise qualité. Dans 500gr d'alcool marquant 88° à l'alcoomètre de Tralles, dissolvez 33gr d'acide nitrique d'une densité égale à 1,22.

L'opération doit avoir lieu à la température de 60° F. (15°,5 C.). Lorsque le mélange est parfait, ajoutez au liquide 0gr,83 de nitrate d'argent préalablement dissous dans l'eau distillée. Cette solution peut être préparée à l'avance.

Si le vernis est faible, il vaut mieux employer le liquide suivant :

Alcool	6 parties.
Eau distillée	9 »
Acide nitrique pur................................	16gr,60
Nitrate d'argent	0 83

Ce liquide s'améliore par la conservation.

Pour obtenir sur acier un dessin d'une grande netteté, il faut les trois liquides suivants :

a. Le mordant, dont la formule a été donnée plus haut;

b. De l'eau distillée à laquelle on a ajouté 4 pour 100 d'acide nitrique à 1,22 de densité;

c. De l'eau distillée contenant 6 pour 100 d'alcool à 88° (Tralles).

On commence par laver pendant 40 secondes environ la plaque sur laquelle repose l'épreuve avec le liquide *b*, on rejette ensuite vivement celui-ci, puis, avant que la planche ait eu le temps de sécher, on la recouvre de la solution *a*. La plaque doit, bien entendu, porter un rebord de cire, et l'épaisseur du liquide dont on la recouvre ne doit pas dépasser un quart de pouce.

Aussitôt que ce liquide est mis en contact avec la plaque, les parties dénudées du métal commencent à se recouvrir d'une poussière d'un noir grisâtre, qu'il faut avoir soin d'enlever constamment avec une brosse douce, de manière à permettre au liquide d'atteindre les parties métalliques situées en dessous et de mordre plus profondément. Lorsque l'action parait suffisante, on rejette le liquide et on lave soigneusement avec le liquide *c*; on laisse sécher ensuite. La solution *a* doit rester sur la plaque trois minutes environ; si l'on prolongeait davantage son séjour, la plaque ne tarderait pas à devenir boueuse, parce qu'alors le mordant ne serait plus dans les conditions convenables pour agir. L'effet s'obtient au moyen de morsures répétées; il faut avoir soin de bien laver la plaque entre deux actions successives des liquides corrosifs, et l'on continue jusqu'à ce que toutes les lignes aient atteint la profondeur voulue. Il faut faire bien attention à la température qui, tant pour la plaque que pour la pièce où l'opération a lieu, ne doit jamais être inférieure à 66° F. (18°,8 C.) et ne jamais dépasser 24°,60 C. Huit minutes de morsure, à la température de 60° F., équivalent à six minutes à 76° F.

On peut également employer les formules ci-dessus en ajoutant au mordant de l'acide acétique concentré. Les épreuves obtenues sur acier au bichromate de potasse peuvent être gravées de cette façon.

Procédé Gourdon.

Quand il est couvert de certains métaux, le zinc s'altère avec une facilité excessive. Si l'on recouvre par place une lame de zinc d'une légère couche de platine pulvérulent, couche que l'on peut produire en écrivant simplement sur la lame avec une dissolution de bichlorure de platine, on peut déterminer l'attaque du zinc, aux points où se trouve le platine, par de l'acide sulfurique étendu de 7000^{vol} d'eau. Si l'on remplace le platine par l'argent, le zinc pourra être dissous en étendant l'acide sulfurique de 3500 fois son volume d'eau.

Dans les images photographiques ordinaires, les noirs sont produits par de l'argent métallique. Supposons qu'une épreuve photographique soit appliquée sur une lame de zinc, l'argent transporté du papier sur la plaque produira une couche métallique qui déterminera la morsure du zinc par un liquide acidulé.

M. Gourdon emploie le cyanure de potassium pour obtenir cette espèce de décalque.

L'épreuve positive sur papier est plongée, au sortir du châssis, dans une solution d'hyposulfite de soude, puis soigneusement lavée ; elle est ensuite appliquée, du côté de l'image, sur une plaque de zinc. On l'humecte d'abord avec l'ammoniaque et, quelques instants après, avec une solution de cyanure de potassium pur ou mélangé de carbonate de soude. Après un certain temps, l'argent se sera entièrement transporté du papier sur le zinc, et cela avec une telle régularité, que l'on aura sur ce métal une image absolument identique à celle qui se trouvait fixée primitivement sur le papier. Exposée ensuite à l'action de l'acide sulfurique étendu, la plaque sera transformée en une planche gravée.

Procédé Boivin.

« Sur papier gélatiné ou albuminé recouvert d'une couche de gomme arabique, je verse un vernis de bitume de Judée dissous dans la benzine additionnée d'un peu d'éther; j'insole sous cliché de quinze minutes à une heure, et, pour obtenir l'insolation exacte, j'emploie le photomètre. Je fais le report par pression de l'image bitumineuse insolée sur une plaque métallique polie ou grainée et préalablement passée à l'essence de térébenthine; j'enlève le papier dans l'eau chaude, puis je développe à l'essence de térébenthine contenant quelques gouttes de benzine, je lave légèrement avec une solution de soude ou de cyanure de potassium et finalement à l'eau, puis je laisse sécher. Afin de consolider le vernis bitumineux formant l'image, je l'expose à la lumière diffuse pendant quelques heures. Je grave ensuite, soit à l'acide directement, soit à l'aide de la pile électrique, ce qui est préférable.

» Un cliché négatif ordinaire me donne une planche typographique; la taille-douce s'obtient d'un cliché positif.

» On peut aussi avoir la taille-douce avec un cliché négatif en recouvrant la plaque de zinc portant l'image d'une couche de cuivre à la pile, dans un bain de sulfate de cuivre ammoniacal ou de cyanure de cuivre. On enlève ensuite le bitume par la benzine et à chaud, s'il y a lieu, puis on procède à la morsure à l'acide, directement ou à l'aide de la pile. Ici la mince couche de cuivre sert de réserve, tandis que le zinc est attaqué par l'acide nitrique faible. »

Autre procédé.

Employer une plaque de zinc polie, recouverte d'une mince couche d'argent à la pile; verser sur cette plaque, dans le cabinet obscur, une solution alcoolique d'iode, laver, y passer une solution de tannin ou d'acide pyrogallique et laisser sécher. Insoler cette plaque sous cliché pendant quelques minutes, puis, dans le cabinet obscur, la plonger dans un bain d'or galvanoplastique en l'attachant au pôle négatif de la pile.

Toutes les parties d'iodure d'argent qui ont été frappées par la lumière sont devenues conductrices du fluide électrique et permettent alors le dépôt de l'or métallique, tandis que les autres agissent comme corps isolant et l'empêchent. On enlève ensuite l'iodure d'argent par le cyanure de potassium, puis on soumet à la morsure de l'acide, qui respecte l'or.

Procédé Ramage et Nelson.

On place dans l'eau froide de la gélatine de bonne qualité, et on l'abandonne dans ce milieu jusqu'à ce qu'elle soit complètement gonflée; ce résultat obtenu, on laisse écouler l'excès d'eau. On plonge alors le vase contenant la gélatine dans l'eau bouillante, de manière à déterminer la fusion. On ajoute à la gélatine et l'on y dissout autant de bichromate de potasse que cette gélatine peut en absorber sans le laisser cristalliser par le refroidissement, ce qu'on vérifie en versant quelques gouttes sur une feuille de verre et en laissant sécher. La solution est filtrée et, tandis qu'elle est encore chaude, versée sur la surface où elle doit être employée. La matière à laquelle nous donnons la préférence est l'étain en feuilles. Le métal doit avoir l'épaisseur d'un papier fort, sa surface doit être unie et plane.

On répand uniformément la solution de gélatine sur cette surface; l'épaisseur doit être à peu près celle du bristol, plus ou moins, suivant l'intensité du relief que l'on désire obtenir; on laisse ensuite cette couche sécher soigneusement.

Toute cette partie des manipulations doit avoir lieu dans l'obscurité. Ainsi recouverte, la planche est exposée à la lumière sous le cliché du dessin, de la gravure ou de l'image photographique que l'on veut reproduire; en général, il est bon de prendre des clichés sur glace. Le temps d'exposition varie nécessairement, ainsi que le comprendront tous les photographes, avec la nature du cliché, l'épaisseur de la couche gélatinée et l'intensité de la lumière; en pleine lumière, cependant, on peut compter la prolonger de dix à quinze minutes. L'exposition étant terminée, la glace est immergée dans l'eau froide jusqu'à ce que les parties non altérées par la lumière se soient gonflées dans le liquide et aient pris un relief suffisant; enlevez alors et épongez soigneusement avec du papier buvard.

Il faut s'occuper ensuite de recouvrir la surface

ainsi formée de la couche mince. Dans ce but, on prépare la dissolution suivante : 1 partie de caoutchouc est dissoute dans la plus petite quantité possible de benzine; on dissout d'autre part, dans le sulfure de carbone, 1 partie d'asphalte et 3 parties de gutta-percha. La quantité de sulfure de carbone employée doit être telle que le mélange total ait la consistance du collodion photographique; on verse la solution sur la couche gélatinée, et, après l'avoir laissée séjourner un instant, on en rejette l'excès : immédiatement elle fait prise et recouvre la couche d'une sorte de peau unie et très-solide. Ce résultat obtenu, on relève légèrement les bords de la plaque métallique, de manière à en faire une sorte de cuvette, et l'on remplit celle-ci avec une composition formée de 6 parties de cire d'abeille, 4 parties de paraffine et 2 parties d'asphalte. Ces substances sont fondues et mélangées intimement sous l'influence de la chaleur. Avant d'employer cette composition, il faut la laisser refroidir autant que possible, sans cependant lui laisser perdre sa fluidité. On la verse alors sur la couche de gélatine, et lorsque le moule est devenu complètement froid, on abat les bords de la petite cuvette formée par la feuille d'étain, puis on enlève complètement la feuille métallique et la couche gélatinée qui y est adhérente. On cliche ensuite par les procédés usuels la surface formée par le mélange plastique, ou bien on a recours à la galvanoplastie, de manière à en obtenir un bloc de cuivre.

Pour la taille-douce, les opérations sont semblables.

seulement il faut, au lieu d'un négatif, employer un positif sur verre.

Procédé Leipold.

On fait dissoudre au bain-marie :

Gélatine	15gr
Bichromate de potasse	2
Azotate d'argent	1
Iodure de potassium	0 ,50
Eau	200
Acide acétique	8 gouttes.

On recouvre une glace de cette solution, et on la fait sécher dans une étuve chauffée à 37° C.; après complet refroidissement, on l'expose sous une épreuve positive sur verre, jusqu'à ce que les dernières teintes soient visibles à l'envers de la glace. On la recouvre alors d'un mélange de 15 parties d'eau pour 1 partie d'alcool. Lorsque la gélatine non insolée s'est gonflée, le relief est moulé avec la composition suivante :

Spermaceti	425gr
Acide stéarique	200
Cire vierge	170
Asphalte	70
Graphite en poudre	70

Après refroidissement, cette composition se détache très-facilement de la gélatine. On la rend conductrice de l'électricité en la frottant, comme à l'ordinaire, avec de la plombagine, et on la soumet au bain galvanoplastique.

La planche ainsi obtenue sert à imprimer en taille-douce.

Procédé Finck.

Le procédé *Finck* est à peu près semblable.

La glace est recouverte d'un mélange de 15 parties d'eau, 1 de bichromate de potasse et 2 de gélatine. On l'expose sous un positif et l'on fait gonfler la couche dans l'eau tiède. On assèche alors la couche gélatineuse en l'épongeant à l'aide de papier buvard. Cela fait, on la recouvre d'une mince couche de glycérine, puis on la couvre avec du plâtre.

Ce moule en plâtre sert à produire, à l'aide d'un alliage métallique très-fusible, une planche propre à l'impression.

MOULAGE.

Dans la description qu'il nous a été donné de lire des différents procédés par *surmoulage*, nous n'avons jamais vu indiquer un moyen pratique, et cependant, il faut l'avouer, les personnes qui écrivent ces descriptions savent que, parmi les photographes aptes à en profiter, il n'y en a peut-être pas trois sur cent qui sachent réellement comment on fait un moule, surtout aussi fin que ceux qui sont nécessaires dans ces opérations. Croyant être utile à nos lecteurs qui s'occupent de ces différents procédés, nous allons décrire toutes les opérations et tours de main indispensables pour obtenir des moules aussi fins que besoin sera.

Le choix du plâtre dont on doit se servir est très-important ; il faut, premièrement, n'en acheter que le moins possible à la fois, car il s'évente facilement et ne vaut plus rien.

On reconnaît que le plâtre est bon lorsqu'il est un peu âpre au toucher; celui qui est éventé est au contraire très-onctueux à la main.

Ayant de bon plâtre, il faut le passer dans un tamis très-serré, de manière à l'obtenir à l'état de poudre presque impalpable.

Le plâtre ainsi préparé, et la planche en relief qu'il s'agit de mouler étant prête et mise sur une surface plane, il faut l'enduire d'un corps quelconque, empêchant l'adhérence du plâtre à la couche. On peut se servir de glycérine ou d'une huile peu épaisse; il faut seulement bien prendre garde de ne pas trop en mettre, car l'excédent se ramasserait petit à petit dans les grandes finesses et les perdrait en empêchant le plâtre d'y pénétrer : c'est affaire d'habitude, et du reste, dès que la couche d'huile est mise, on peut passer un blaireau doux sur toute la surface pour enlever l'excès du corps gras, manœuvre analogue à ce que les peintres appellent *bien étirer la couleur*.

La surface préparée, il faut gâcher le plâtre, cela ne doit se faire que juste au moment de s'en servir. Dans un vase propre quelconque, mais d'une capacité proportionnée à la dimension du moule à faire, on met de l'eau très-pure; on y projette en nuage une poignée de plâtre. Il faut veiller, en jetant le plâtre, à ce qu'il tombe à peu près au même endroit, de telle sorte qu'il y forme comme une pyramide dont le sommet arrive bientôt à émarger du liquide. Selon la grandeur du moule et la plus ou moins grande finesse des détails à reproduire, on variera la proportion d'eau, le mélange devant être d'autant plus liquide, sans excès cependant, que le moule devra reproduire plus de finesse.

Dès que le sommet de la pyramide, dépassant le niveau de l'eau, est devenu complètement humide, il est temps de gâcher. Chacun sait en quoi consiste cette opération : on y procède en battant le mélange soit avec une truelle, soit plutôt, pour le travail dont nous parlons, avec une cuiller, jusqu'à ce que l'on obtienne une pâte homogène, bien liée et coulant bien. Il faut saisir exactement ce moment, le plâtre ne devant être ni *trop* ni *trop peu gâché*; on cesse alors de gâcher et l'on s'occupe de confectionner le moule.

On prend une cuillerée de plâtre gâché que l'on projette sur la surface à mouler, avec assez de force pour que le plâtre pénètre bien dans tous les creux en chassant vivement l'air, de façon à éviter les bulles; il faut s'appliquer à couvrir l'objet à mouler en aussi peu de temps que possible. Pendant que cette première couche générale est donnée de la main gauche, on frappe à petits coups verticaux sur les bords de la plaque pour que le plâtre se tasse bien dans les fonds; on y aide au moyen d'un pinceau doux, tenu verticalement, et dont on frappe légèrement toutes les parties humides, sans cesser de frapper également de la main gauche. Ces diverses manœuvres doivent s'exécuter aussi rapidement que possible. Le tamponnage au pinceau terminé, on ajoute le plâtre nécessaire pour donner une certaine épaisseur au moule, pour éviter qu'en séchant la face intérieure du moule ne se ride ni se fendille.

On abat alors les côtés, et l'on aplanit le haut du moule à l'aide d'une réglette.

Dès que le plâtre s'échauffe, c'est-à-dire dès qu'en posant la main sur le moule on sent une faible chaleur, il est temps de démouler.

On retourne la planche sens dessus dessous, le moule dessous, on frappe avec la main à petits coups secs, pour ébranler un peu ce dernier; puis on retourne la planche, le moule en dessus, sur lequel on frappe également. On prend alors trois couteaux de table à pointe arrondie et, tenant la planche verticalement sur la tranche, on insinue délicatement sur trois côtés les pointes entre le moule et la planche : le moule se soulève; on recouche le tout pour enlever le moule aussi verticalement que possible, afin de ne pas abîmer les arêtes.

Le moule est mis à sécher dans un endroit bien aéré et chaud, la face tournée vers le mur, en sorte que la poussière ne puisse s'y attacher. Une fois sec, on le plonge dans de la stéarine en fusion.

On le laisse s'imbiber de cette substance, on l'égoutte, et, lorsqu'il est bien sec, on le poudre à la plombagine, si l'on désire en faire un contre-moule, par les moyens galvanoplastiques. Un moyen beaucoup plus simple et plus économique consiste à faire ce contre-moule avec le métal Darcet.

Ce métal est fusible à une température excessivement basse, 70°; par conséquent, il est facile de le couler sur le moule en plâtre.

Cette méthode de moulage est excellente, selon nous, si l'on désire faire de la photoglyptie sans s'astreindre à l'achat d'une presse hydraulique, dont le prix élevé est un obstacle très-grand pour beaucoup de personnes.

FIN.

TABLE DES MATIÈRES

PREMIÈRE PARTIE.

CHAPITRE VII.

CHAPITRE VIII.

DEUXIÈME PARTIE.

CHAPITRE I.

CHAPITRE II.

CHAPITRE III.

CHAPITRE IV.

CHAPITRE V.

CHAPITRE VI.

CHAPITRE VII.

TROISIÈME PARTIE.

QUATRIÈME PARTIE.

FIN DE LA TABLE DES MATIÈRES.

Paris. — Imp. Gauthier-Villars et fils, 55, quai des Grands-Augustins.

www.ingramcontent.com/pod-product-compliance
Ingram Content Group UK Ltd.
Pitfield, Milton Keynes, MK11 3LW, UK
UKHW020247180726
13839UKWH00001B/225